FEARLESS
Living

FEARLESS
Living

8 Life-Changing Values for Breakthrough Success

Connie Tang

Clovercroft Publishing

Fearless Living: 8 Life-Changing Values for Breakthrough Success

©2017 by Connie Tang

Published by Clovercroft Publishing, Franklin, Tennessee

Published in association with Larry Carpenter of Christian Book Services, LLC of Franklin, Tennessee

Content Development by Nonie Jobe

Adapted to Spanish by Anita Rubio

Cover Design by Greg Lopes

Author's photo by Gary Sloan

Copy Edit and Interior Layout Design by Adept Content Solutions

ISBN: 978-1-9425507-51-9

Printed in the United States of America

*To my daughter Kassidy. May she never give in to fear, and may she love herself as much as her dad and I love her. May she always see herself as "**I'MPossible**." And to my husband Harrie for facing fear with me and lighting my way back home after every journey.*

*A mi hija, Kassidy. Que nunca ceda ante el miedo y que se ame a sí misma tanto como su padre y yo la amamos. Que siempre descubra las posibilidades en ella misma y diga: "**Todo es posible en mi**." Y a mi esposo, Harrie, por afrontar el miedo conmigo e iluminar mi camino al regresar a casa después de cada jornada.*

Contents

Mastering the eight guiding principles in this book will equip you to
face down your fears and walk straight into the future you deserve.

Values that are internal catalysts for change

One of the most crucial elements of determination is daily
discipline. You must push past the fear that keeps you from
practicing daily discipline and makes you settle for just "enough."

There's a certain fear in accountability, because it makes
you vulnerable to both the visibility and the self-awareness
of your short-comings, but you can overcome your fear by
understanding and taking ownership of your responsibilities.

You must harness the fear of failure and rechannel it so it can
fuel passion and determination to reach your results.

It's important to nurture your passion in order to overcome the
fear of the unknown, keep your passion alive, and keep from
getting discouraged.

Foreword

By Tony Jeary

THIS BOOK GREW out of one of the most remarkable dinner conversations I've ever had.

I'd known Connie Tang for several years, and we'd started working closely together when she brought me in to coach the Princess House executive team as they reached for (and ultimately accomplished) some truly lofty goals. Connie and I went to dinner one evening, and in the course of our conversation, she shared her personal story. Right away I could sense the power in what I was hearing, and Connie could see it on my face.

"What's up with the big smile?" she asked.

"You have such a powerful story. Have you considered writing a book to share it?" I asked.

I told Connie that when people heard her story—about coming to this country as an immigrant, working hard, learning, and going the extra mile to succeed—they would be inspired. I was moved to hear about the way Connie had lived so fearlessly and created the life she dreamed of for her family. And Connie had done even more by leading a company in an industry that is devoted to transforming lives.

Connie is a person of action, and before long the book project was under way. As an author of more than forty-five books and executive coach to dozens of CEOs in many different industries, I offered my help, advice, and support, and the result is even better than I'd envisioned during that first dinner.

This is no ordinary book. The structure is simple: eight chapters, each focused on one key value that Connie and the other women she features in this book work to put into practice every day. Taken together, these values add up to a system for harnessing fear and breaking through to the success that you desire and deserve.

Enjoy, learn, be inspired, take Connie's advice on the life lessons you'll find in this book, and become your very best you!

Tony Jeary—The RESULTS Guy™

Introduction

THIS BOOK IS MY STORY, the story of a woman, a mom, a wife, a daughter, an immigrant, a minority, and a CEO. It's the story of countless women I've worked with all over the world—a timeless story about overcoming the fear of the unknown and making an impact. It's an extraordinary story that's been lived out, over and over again, by brave women just like you and me who have faced their fear head on, stepped into the unknown, and courageously embraced their future. It's about women who have used their fear as a stepping stone to personal growth, growth that has helped them find within themselves the guiding principles we share in this book. It's the story of your journey as you learn to do the same.

Personal growth comes from arming yourself with the knowledge, the inspiration, the role models, and the tools to help you overcome challenges and fears and get past them. When we share the story of our growth journey with others, it gives them hope that they, too, can triumph over personal obstacles and grow and transform in the process. That's why we've included stories in this book that showcase the circumstances that some of us have overcome. I hope these stories can help you discover in yourself courage for your own journey.

This book is also the story of the thousands of women who have made the choice over the last 54 years to join the Princess House family and continue to grow and become the best they could be. And it's the story of the tens of thousands of women who will be making that same choice in the future—a choice that will forever change the course of their lives. In Princess House, they find a home, a place to belong—a company that is literally built on *their* success. A company whose purpose statement begins with "Our power is our people" and ends with "Our business inspires dreamers, rewards excellence, and transforms lives."

At Princess House, our business model creates a reciprocal relationship based on mentorship, collaboration, teamwork, and growing together. We embrace the notion that we cannot grow as individuals unless we help the person beside us and those around us to grow as well. So we compensate our people for their hard work, dedication, and excellence; and we also compensate them when they help instill those same qualities in others. We know that when they mentor others to grow, they grow; when they train others, they learn more. And when they can create success for others without it being a takeaway from themselves, they create a win/win situation for everyone involved.

The chapters in this book explore eight principles that correlate with the eight values we espouse at Princess House. These values are authentic to the people who are associated with our company, from our leadership to our internal employee base. When my team and I sat down to identify these values for Princess House, we said, "This is who we are, who we want to be, and this is the kind of people we strive to attract. We measure ourselves against these values, and they are the standards we look for in determining the right people to be part of our organization."

I hope this book will help you put these eight guiding principles to use in your personal journey of growth. As you go through the chapters, assess yourself on each of the values by asking, *Am I really being the best that I can be at practicing this principle?* At the end of the day, it's really about pulling out the essence of each principle and translating it into personal behavior.

The individuals at the center of the stories I share exhibit these principles in one form or another. I personally identify with all of the principles and can truly testify that I have applied each of them to specific occurrences in my professional and personal journey. That's not to say I get it right all the time, but they certainly lead my way and help me overcome challenges.

I believe when you master these eight principles through commitment, determination, and practice, you will be better equipped with the skills you need to succeed. Once you become a master, you also become a teacher. When you teach, you go into yet another level of excellence and mastery; and from there it becomes part of your character. The same skills that help you be a better entrepreneur also apply in your personal development.

In my ultimate assessment, the most important skill that women in any career path learn is how to harness and overcome fear. Becoming a successful entrepreneur brings with it a lot of fear, and much of it has to do with the main constant in life—change! There were many moments in both my personal and professional life when I had great levels of fear. Looking back, I can see that the moment I chose to go past the fear in each chapter of my life is when I grew and changed.

The name of this book is *Fearless Living*. Ironically, I don't think it's ever possible to get rid of all fear. The real truth is that you experience fearless living by harnessing fear. You hold fear by the horns, look at it face on, and decide what to do with it. I believe we *can* live our lives not being afraid of fear. Let me show you what I mean by sharing the first part of my story:

I was born in Hong Kong, and my parents and I immigrated to America when I was ten months old. I grew up in New York City; and my husband, who is also Chinese, immigrated to the States as an adult. When we married, I was an account coordinator for Lancôme Cosmetics, and my husband was a waiter at a Chinese restaurant.

In late 1994, when we were still just newly married, we decided to visit my husband's cousin in Plano, Texas. His cousin had actually been calling us for a while, saying, "You should leave New York and come to Texas. Houses are cheaper. You never have to look for parking. There's no traffic. Just come." Now, I had never entertained leaving New York. That's where I grew up and that's where my family was. We finally decided to go to Texas just for a visit. Plano is a suburb of Dallas, and we were really enamored by the newness of everything there compared to New York City. We were also enamored by the cost of living—from housing to groceries, almost everything was less expensive than it was in New York.

After returning home to New York, we were lying awake one night on the hardwood floor (we couldn't afford a bed), and my husband asked, "What do you think about moving to Texas?" I said, "Well, I think it would be good. I mean, things are less expensive, and we might be able to save enough money to buy a home." Then I said, "What's the worst that could happen? If we don't like it, we can come back—or we can go someplace else." (Actually, one phrase I used in Chinese translates, "We have arms; we have legs; we're able bodied.")

With fear and anticipation, we made the decision to go. We quit our jobs, and we sold my car and kept his little Toyota Celica. His cousin, who was single and had just finished building a new house, had said we could live with him until we got settled. So we shipped the few things we had in our little 500-square-foot apartment (basically, a TV, a sofa, and our clothes), we put our suitcases and plants in the Toyota Celica, and off we went. After one day on the road, the car died in the middle of nowhere, in a tiny town in Virginia. We ended up staying three days in a hotel, spending money we didn't have to spend, waiting for a part to come in. After the car was repaired, we took off and finally made it to Texas.

Without my realizing it at the time, that was a quantum-leap moment for me. We were literally driving straight into the vast unknown, and we were full of fear at many points along that journey. We had no jobs waiting for us in Texas, and my husband barely spoke English. (He worked in a Chinese restaurant in Chinatown, so he didn't need to be fluent in English.) The only money we had was the little I had made from the sale of my car, and we had to use much of that for shipping our belongings. We borrowed $2,000 from my husband's brother, who lives in Taiwan, and that was all the seed money we had to start over with. Yes, we were slightly terrified!

Before we left New York, my mother had said, "Get a job as soon as you get there, even if you have to work in a supermarket!" But when we got to Texas, my very wise husband said the exact opposite. He said, "Listen, we've made a very big move. Don't take the first thing that comes along. Give yourself a chance to find something that's right." I didn't even know what "something right" meant. I knew no one, and his cousin was a software engineer who knew few people and was no help. So the first thing I did was sign up with a temp agency so I could work and still have the opportunity to interview, and I became a self-taught networker. I turned down all the offers I got in the first six months; even though they were really interesting, they just didn't feel like that "something right," where I could be the best I could be and do what I loved to do, which was create, build, and grow. I eventually took a job with BeautiControl as their training development manager, and my husband got a job as a manager for Manchu Wok, a fast-food Chinese restaurant in a mall.

That was the beginning of our big journey. We were living paycheck to paycheck, and there were many moments when we were afraid—when we could have given in to the fear and made rash decisions that might have brought short-term solutions. But we faced each moment head on and pushed through the fear. Since then, I've had many major business milestones, and I can honestly say that almost every one of them involved some level of fear that I had to overcome. I hope my story and the truths you learn from the principles I discuss in this book will prepare you to do the same—face down your fears and walk straight into the future you deserve.

As my team and I brainstormed about how to present the eight principles in this book, we decided to divide it into three parts—Inside (Me), Outside (Me and Others), and All Around (Me and the World)—because we believe those are the domains where these eight principles apply. We placed the principles of Determination, Accountability, Drive for Results, and Passion in Part One: Inside (Me), because they apply to us as individuals as we look internally for that catalyst for change. They are the internal skills you need to master as you pursue your dream to be better than you were before you opened the book. I feel very strongly that personal accountability is important, and it starts with you. Understanding what role you play in designing your life and creating your future starts with understanding what you are accountable for, what you can do, and what you can learn to do better.

We placed the principles of Collaboration and Agility in Part Two: Outside (Me and Others). I believe if you want to be successful as an entrepreneur or in any endeavor, you have to understand the role you play with other people. It's important to understand the changing dynamics of your interactions, how you treat and react to others, and how you collaborate with others. By and large, those are the factors that will either help you or deter you when it comes to success. At Princess House, you cannot succeed alone. You may be able to develop a good, strong business by just selling, but you would have to engage with your customers and sometimes with customer service in the corporate office.

The principles of Respect and Compassion are in Part Three: All Around (Me and the World). Now more than ever, we play a very big role in the world. What you do matters, and what we do in the world of direct selling matters. The imprint we leave on our customers and on our consultants is not only life-changing and lifelong, but it also creates what I call "reverberations for generations to come."

Let me give you a good example. Obviously, what I do as CEO of Princess House matters in the circle I live and operate business in. It impacts our customers as well as our employees and our families. It impacts our finances, where we live, the food we eat, the clothes we wear, the vacations we go on, and the extracurricular activities our children can participate in. But I believe it goes deeper than that. We work with women from all walks of life, and some may not feel as powerful as they would like because of life circumstances. Their formal education may be limited, or maybe they've come from a cultural environment where women aren't really valued. When you've never been allowed to believe you have rights, power, freedom, or even a voice, you're likely to raise your children to believe they have the same limitations, so that sense of disempowerment passes from generation to generation. I have seen this scenario many times around the world, from Mexico to Malaysia, from India to Costa Rica, to even right here in the USA. Can you imagine the life-changing impact a woman makes when she starts learning and growing and, by her own power, belief, and sheer determination, builds a business and becomes successful? Imagine the cultural shift and change in perceptions that she has created, which I believe have ramifications and reverberations that will go generations deep. Imagine how her children will grow up and who they will become as observers and beneficiaries of their mother's impact. Who knows the true impact each of us can make on the world?

I hope as you read the principles and stories I share in this book it will create a desire deep within you to say, *I can overcome the fear of my circumstances! I can strengthen these eight values in my life and make a difference, both in my personal world and the world around me!* And I hope that along the way you actually conquer the fear of fear and become your very best self.

Part One

Inside (Me)

Values that are internal catalysts for change:

Determination
Accountability
Drive for Results
Passion

Chapter One

Determination

"Failure will never overtake me if my determination to succeed is strong enough."

—Og Mandino

"DETERMINATION IS DOING what needs to be done, even when you don't feel like doing it." That quote, by an unknown author, describes my life's philosophy to a T. Of the eight values we talk about in this book, determination is the one that has propelled me—and will propel you—the farthest. In fact, it is the one that fuels all the others. Determination is the only thing that will keep you going when life gets in the way and you want to give up. The drive to keep going even when you don't feel like it is the one thing that will push you all the way to achieve the things you've dreamed of achieving.

One of the most crucial elements of determination is daily discipline. It's about establishing good, solid habits you practice every day that enable you to be more efficient and productive. Daily discipline can apply to a skill you want to excel at or a task you want to master, and it involves thinking as well as doing.

Let me give you an example: When I was in junior high school, I started playing the saxophone for both the jazz band and the regular band, and I loved it. I didn't want to just be really good; I wanted to be awesome and I wanted to master it. I knew that meant I had to practice every day, no matter what. So I received permission to take my saxophone home on the weekends to practice. Now, I was playing the tenor saxophone, which must have weighed a good ten pounds with the case, and at twelve years old I was only about four feet six! Believe me, it took discipline to carry that thing home and back every weekend, especially in the rain, snow, sleet, and cold in New York. I wasn't required to do it. I could have skipped a weekend, or I could have taken it home and not practiced. It would have been so easy to give up, or to be satisfied with being "good enough." But all of that discipline is what earned me the opportunity to participate in the Brooklyn Borough-Wide Band and to perform at Carnegie Hall. It's what got me accepted into the New York High School of Performing Arts as an instrumental major. (We'll talk more about that later.) Just being "good" might not have been enough to achieve that. Determination and discipline do matter!

Here's another example. In one of my positions, I was responsible for overseeing product development for a global market. I wasn't satisfied with just learning whether a product was right for the marketplace, which meant I needed to understand the competitive landscape, what the product's benefits and features were, and why it was going to be beneficial to a customer and to the company. I wanted to know down to every detail what went into the formula, what role each ingredient played, and how it was tested. To me, it was about learning more so I could participate in and contribute to conversations with Research and Development and with the regulatory agencies in each country so we could get the product approved by the government. I also wanted to learn all I could because I was responsible for preparing the training materials and training the consultants and corporate trainers in each country. I could have settled for knowing just enough, but I wanted to know more than enough. I wanted to be prepared. What about you? Can you think of times when discipline paid off for you and better prepared you for a meeting, to make a critical decision, or to advance to a higher level?

Discipline is about being prepared for the unknown and the unexpected, and that links back to fear. Many people are afraid they'll get asked a question they can't answer. But if you've had the daily discipline to continuously learn about the things you're most unfamiliar with, then you are prepared to answer more questions, and chances are you'll know how to find any answers you don't have right away. That doesn't mean you have to be an expert or know everything. It does mean your preparation makes you less afraid of the unknown and the "what if's."

Fear can be a huge obstacle to practicing daily discipline and not settling for just enough. You have to always be open to pushing past your fear. When you're sitting in a room with experts, for example, sometimes the fear of asking a "dumb" question and looking incompetent is an inhibitor to learning more. And sometimes you settle for enough because you've convinced yourself it *is* enough. Can you recall occasions when you could have benefited from knowing just a little bit more?

I have to practice discipline every day. I work in a unique environment where I travel a lot, and my family has chosen to live on the West Coast while my corporate headquarters is on the East Coast. So I have made the decision to work East-Coast business hours. I have all my staff meetings at eight o'clock a.m. East-Coast time, which is five o'clock a.m. West-Coast time. Every morning I get fully dressed, including doing my hair and makeup, before five o'clock a.m. It would be easy to say, "I'm tired; it's too early," or "I'll just push all my meetings to later in the day." But I don't because I understand how important this daily discipline is. When you've made a choice to be disciplined about developing yourself, leading by example, and giving to yourself, you can then give back to your family and to your world. Once you've exercised those discipline muscles, it doesn't hurt as much when you stretch them to give back to others.

Have you ever been given an assignment for a new role or task, or been promoted to a position you're unfamiliar with? Practicing discipline and having the grit and determination to push through your fear of not knowing, and then figuring out what you don't know and learning it will make you better at your job. You'll have a bigger voice when you're contributing in those conversations and decisions. It will amplify your impact. Ultimately, the work product or service you're delivering will be of better quality and more effective, and it will have a more positive, lasting outcome. It starts with you.

Honestly, sometimes we have to learn things that may not seem important at the time, or that we don't think we need to know. I *hated* science and math in school, and yet the irony is that I ended up going to a specialized high school for science and math. In New York City, there were three such high schools where you could test for acceptance as an alternative to going to your neighborhood school. We lived in a pretty low-income, impoverished area, and my parents really wanted me to go to Stuyvesant High School in Manhattan, which was home to the specialized math and science curriculum. Stuyvesant not only offered academic excellence; it was also the hardest of the three schools to be admitted to. Of course, there was also the prestige it offered, because

Stuyvesant was considered the number one public high school in New York. In fact, today it's still ranked third among all high schools in the entire country, including private schools.[1] All high-school-bound students living in New York City were eligible to take the entrance exam, and there were literally *thousands* trying to fill just shy of 200 spots at the time. I got into Stuyvesant, but I had to work hard with dogged persistence at those science and math exercises, along with other subjects!

To prepare for the entrance exam, I studied and took practice tests with a few of my friends from junior high school. Out of the entire school, we were the only four who were accepted. But I also loved performing, so I applied to get into the High School of Performing Arts, as well, and I was the only one out of our junior high who was accepted into that specialized school. Remember the original version of the movie *Fame?* Yes, the audition experience was very much like that! I was accepted for drama, vocal, and instrumental. I attribute that to my discipline to practice the saxophone on my own. In place of drama lessons, I borrowed books from the library for monologues and practiced that, as well. Singing was my passion, but I never had formal vocal training. I would record myself on cassette tape, listen to it, and critique myself; then I would correct things that didn't sound right and practice it over and over again. I didn't know what I didn't know, but I knew I could learn; I knew I could try to be better every time. I wanted to be as prepared as I could be.

I really wanted to go to the High School of Performing Arts, but my parents sent me to Stuyvesant for math and science. It was the more practical choice. I was still determined to find ways to do what I loved, so I sang in both the gospel choir and the Renaissance choir, and I was in every musical—all while attending the most academically-challenging public high school in the city! I refused to settle for less.

I think settling for anything is an enemy to determination. Often, settling is resigning yourself to accept the circumstances despite your discontent. There's nothing wrong with being happy where you are, and there's nothing wrong with being content or being grateful. So when I say, "Don't settle" please don't think I want you to be obnoxious or materialistic. Settling, to me, is a sign that in your heart you've almost given in and maybe given up.

For instance, you may be in a job where you're not really happy, but it pays the bills. You don't feel emotionally stimulated. You're not getting the development or the mentorship you wish you had. Or worse, maybe you're in a toxic environment where you're not respected or not being utilized for your skills and strengths. You may even be in an environment where the people you work with are not a collaborative team and everyone is out for themselves. But you stay because you think, *This is the best I can do. I have a good job with a good company, and it looks good on my resume.* Having a good job or a fancy job title with a good company are great things, but you've settled. I've worked with women who have accepted that and said, *This is my life; I might as well give in to it. This is the way it is.* In many cases, it really isn't. Just because you've hit a wall, it doesn't have to be the end.

It takes a lot of inner strength to not be afraid of wanting more. Wanting more doesn't always have to be materialistic, as people often assume. Wanting more can represent quality of life or room to grow. Wanting more might be time to nurture others. So "more" has to be clearly defined for each individual. Settling is resigning yourself to a situation, to a circumstance, or to a state of being that can lead to giving in and, sadly, giving up.

The great Olympic legend Jesse Owens once said, "We all have dreams. But in order to make dreams come into reality, it takes an awful lot of determination, dedication, self-discipline, and effort." We have a lot of big dreamers in our Princess House sales force who exhibit just that kind of determination to make their dreams become reality. Recently, I saw on our company Facebook page a post written by Jennifer Arrington, a new consultant who lives in Florida. Jennifer had just joined the company, and her recruiter and leader shared my national convention challenge from a week prior: "Let's go out there and build our nationwide team to 30,000 strong!" She posted a video message: "I wanted to chime in with the challenge and say I do accept. I look forward to where my Princess House business is going to take me." She recorded and posted this video from the hospital, with an IV pole, while receiving chemo! I welled up with emotion and I called her a few days later to thank her for her courage and determination. Here's a woman who is determined to keep moving on with life! She wanted to start her own business, and she didn't let cancer be a reason to wait. I don't think she was motivated just by the Princess House opportunity. It had to do with the fact that she was determined to live her life!

I recently became aware of yet another resilient woman, Violeta Solorzano, from Oakland, California, who has been with us for eight months and who is battling breast cancer. In spite of her illness, she's been active every single month and has recruited five people to build her business! These two women exemplify the courage and determination it takes to move forward and make their dreams a reality in the face of fear and the unpredictable road ahead.

How about you? Are you working to establish determination as part of your character and life? If so, let me suggest that you commit to these four things:

- Be intentional about making daily discipline a priority in your life.
  - Write down the things you must practice over and over again to master.
- Don't settle for "enough."
  - Identify, visualize, and write down what you want "more" of.
- Push yourself to learn and grow.
  - What are you afraid to do or fear someone may ask of you? If it's something you know would positively improve your professional and personal development, commit to learning it and develop a plan with measureable steps to do so.
- Have the courage to push past fear. Don't settle. Don't give in, and don't give up.

Determination Profile

Aida Vargas
Belle Aire, Kansas

Would you stand your ground for the better long-term opportunity?

WHEN AIDA VARGAS started her party-plan direct-selling business, she had big dreams for what it could do for her family. And to kick it off, she devised a simple plan.

Among her offerings was a beautiful, high-quality electric skillet, and she knew people would fall in love with it if they saw it in action. So she secured a table at a local church bazaar and started cooking pancakes.

"It worked just like I planned," she said. "I served hundreds of pancakes all day long."

But Aida made a rookie mistake: she didn't think to trade her pancakes for names and contact information from her visitors. The day ended without a single lead to follow up with.

But then a gentleman who was operating the next table and had been observing her all day said he was interested in buying the pan she'd been demonstrating.

"He had $200 cash right in his hand," Aida said. "That would have covered my costs for the day, but that's not the way my leader had taught me to do business."

So Aida made a counter-offer—if he would host some friends at his house, he could earn the pan for free. He hesitated, but Aida stood her ground. She knew her business was built on holding parties; and if she took the quick cash, she was trading away a longer-term growth opportunity.

The next day, she arrived at his house to find ten guests in his living room.

"I had almost $1,000 in sales that day," Aida said. She also booked five parties—and that meant far more in future sales than $200!

What can you do to keep your focus on long-term results?
Do you stay determined, even when the going gets rough?

Chapter Two

Accountability

*"I am not a product of my circumstances.
I am a product of my decisions."*

—Stephen Covey

IN THE BOOK *The Oz Principle: Getting Results through Individual and Organizational Accountability*, the authors claim that "The power and ability to rise above your circumstances and achieve the results you desire resides within you."[2] Do you believe that?

I do. I believe accountability is a mindset that says you will own and take full responsibility for your decisions, your actions, and your results—good, bad, or ugly. Victimization is the opposite of accountability. Accountability is about not playing the blame game or carrying yourself as a victim, but understanding that you *can* rise above your circumstances and demonstrate the ownership you need to achieve the results you want.

The Oz Principle is based on the lessons on accountability learned on the yellow brick road by the characters in *The Wizard of Oz*. In the famous 1939 American movie, the character Dorothy gets caught in a wind storm and travels to the magical Land of Oz. During the journey, she is always trying to get back to her home and her family. In the end, the Wizard shows her that she had always had the ability to go home; she just needed to find it within herself.

I have always loved the movie; little did I realize that its lessons on accountability would have such a huge impact on my life. I've studied, applied, practiced, and taught the Oz Principle for years. Here's how the authors of the book summarize those lessons: "…from the beginning of their journey, the story's main characters gradually learn that they possess within themselves the power to get the results they want.... People relate to the theme of a journey from ignorance to knowledge, from fear to courage, from paralysis to powerfulness, from victimization to accountability, because everyone has taken this same journey himself."[3]

When have you been challenged to own up to something? It's happened to all of us. Can you think of times when you've been tempted to place blame and make excuses, rather than owning up to your own actions and accepting the ramifications? Seeing beyond what we want to see is hard. Hopefully you've taken, or at least started on, that journey toward self-awareness to ultimately realize the power of accountability you have within yourself. The Oz Principle is all about ending the blame game and taking ownership for overcoming obstacles and getting results, no matter how hard it may seem. It's about "seeing it, owning it, solving it, and doing it."

I think we're often afraid that taking ownership will be perceived as weakness. I'm always impressed when someone takes ownership for wrong decisions or for missing a commitment. It's so refreshing when I meet that rare individual who says, "I dropped the ball. I just didn't allow enough time, and I missed it."

Accountability starts with you, but it touches others. Your actions, right or wrong, impact others as well as yourself. When you're working with a team, accountability implies that you'll do what you say when you say you're going to do it. Your actions and your words matter. The team can establish timelines, milestones, and due dates, but if you don't take ownership of your deliverables, you likely will let your team down and possibly jeopardize the project.

I think the hardest part of leadership is holding others accountable. We often feel awkward and embarrassed, and we don't want to be perceived as being unfair. One of the hardest things I do in coaching other business executives, including my own executive team, is helping them discover the right way to hold their team members accountable.

At one of my last positions, I was accountable for leading the master plan in opening up global markets. And that was very difficult, because the entire team was made up of multi-discipline executives, none of whom reported to me! The overall on-time launch in a country was a huge responsibility to begin with, and it was made even more challenging because I had to hold accountable people whose performance wasn't being measured by me. That kind of responsibility requires a higher level of commitment to open, clear, and specific communication about what you and others are accountable for.

Have you experienced times when you've been very specific in communicating to others what they're accountable for and they dropped the ball? Was it difficult for you to take ownership at that point to redeem the situation? If you're genuinely accountable and interested in the overall success of a project, you have to go to that individual to discover where the shortfall occurred and work with them to decide how to correct it. You're still accountable for the overall task, and holding someone accountable for a breakdown in delivery requires that you confront that person. "Confronting" is not adversarial; to me, "to confront" means "to approach for the purpose of understanding." And part of that understanding is determining how the deliverable can still be met, while mitigating and minimizing the risk, even though it's late.

The first thing you do is find out if they really did commit to the deliverable. You can't hold someone accountable for something they didn't know they were accountable for. Then, test to make sure that they were clear on the timing. And finally, understand why that deliverable was not met. Was the timeline unrealistic? Was it a lack of follow-up? Or did that individual truly drop the ball or not understand why their role mattered? Your goal in confronting is also to determine what you can learn from it and prevent it from happening again.

There was an instance when the company I worked for was launching a major weight loss nutritional product line in Hong Kong. An event had been scheduled, the press had been invited, the promotional materials had been printed, the promotional campaign had been completed, the sales force was ready, the hotel had been booked—and the product was not there. I was not based in the US; I was based in Asia. As it turned out, there were a whole series of misses in terms of timelines and deliverables. At the end of the day, we simply did not have the product. I had to step up and say, "I'm accountable." I was responsible for launching that product in that country, so taking ownership meant that I needed to track down how much of the product we could get and how we could get the product into the country on time.

Successfully meeting accountability deliverables almost always requires that you have collaborative, productive, and influential relationships with your partners. A support network with whom you have good, clear communication and trust can help facilitate accountability.

In this particular instance, the immediate response was, of course, to try to trace the root cause; but more than anything I had to find the solution. I had a reliable, influential, and mutually trusting relationship with the senior vice president of manufacturing. As it turned out, the solution was for him to get on a plane in Dallas, Texas, fly to Hong Kong, and "hand carry" the product to us. He arrived twenty-seven hours later, on the morning of the event! A team member met him at the airport, picked up the luggage full of products and took it straight to the event. The senior vice president then waited for the malls to open so he could buy some clothes; he literally had arrived with only the clothes on his back.

If you can share accountability, there is a mutual benefit. My colleague clearly felt as accountable and invested in the success of this launch as I did. We worked together to meet that deliverable, and we both shared in the "win." We could have said, "We are going to do the launch without any products to sell," or we could have postponed it or cancelled it. But we knew that the ramifications to the sales force could have been devastating.

In essence, I was tasked with "seeing it, owning it, solving it, and doing it." I saw the problem; I didn't cause it, but I recognized it. There was no room for pity, blame, or playing the victim. I took ownership of it. I also took ownership of resolving it and facilitating the solution.

There's a certain fear in accountability, because it makes us vulnerable to both the visibility and the self-awareness of our short-comings. If you're hiding behind the mask of denial or a lack of self-awareness, you may be resistant to feedback from those around you, and you may miss opportunities to develop in the areas where you're not the strongest. Often when you're accountable for something, somewhere inside there is a fear of not being fully capable, of not fully knowing everything you need to know in order to deliver. Or maybe you realize you didn't think through it *before* you committed to it and now you're stuck in a swirling cycle of fear and doubt. Has that ever happened to you? Can you think of times when you've experienced this kind of fear or denial? Are you open to feedback from others to help you be more accountable? Or do you find your first response is a defensive stance?

You can overcome these fears by gaining clarity—by understanding and taking ownership of your responsibilities. Clarity comes from being observant of the situation and being aware of your capabilities and areas where you need to develop. It's also being able to rid yourself of denial and perhaps shedding a little bit of ego. And it requires respect. If you respect your partners, colleagues, and customers, then you will deliver and do what you said you would do. It's very hard to expect accountability from those around you if you are not accountable. It goes both ways.

Mercy Moreno, one of our leading consultants who spoke at our National Convention a few years ago, is a great example of someone who found herself falling into the victim mentality. But then she saw it, owned it, solved it, and did it. She has been with our company for forty-one years, and she said there had been one occasion when she had not met her qualifications for the annual incentive trip—an all-expense-paid vacation to an exotic destination with priceless perks and experiences. She called the company, pleaded her case, and begged for an exception. It wasn't her fault, she said; orders got cancelled and she had no way of knowing. It just wasn't fair. But at the end of the day, she realized that she was the one who was accountable for making sure her qualifications for the trip were complete. She said, "You know what? I said to myself, 'Never again. Never again will I miss a trip for a few hundred dollars.'" She learned her lesson in accountability.

Accountability often comes from learning from your mistakes and applying those sometimes-painful lessons in the future. Accountability takes practice, day in and day out. I still fail at accountability every now and then. The key is being able to say, "I intended to. I wanted to. I said I would. I didn't." Has there been a time when you've had to do that? If you want to grow in the area of accountability, here are some things you might want to commit to:

- Own your behaviors and results (see it; own it; solve it; and do it)
- Make good choices (know what you're committing to) or make good on the choices you've made, even when you might not have had all the answers at the time of commitment
- Be accountable to yourself
- Be accountable to your team (do what you say you'll do when you say you'll do it)
  - Your team is your family, your co-workers, your church, your PTA, or your friends—anyone you make a commitment to

Being accountable makes you more certain and more comfortable in the decisions you make. It also makes you clearer in your communication. In short, it makes you a better leader.

Accountability Profile

Tatiana Cussianovich
McDonough, Georgia

How can you stay true to your commitments?

THIS WAS THE question that faced Tatiana Cussianovich a couple of years ago. Tatiana was an entrepreneur who led a large direct-selling organization, and then one phone call changed her life.

"When my sister called to tell me that she had cancer," Tatiana said, "I decided to drop everything to be by her side."

Tatiana pulled up stakes and moved back to her native Peru, just so she could be there for her sister every day. The freedom that comes with a direct-selling career enabled her to do that; she didn't have to ask permission or get anyone's approval—what an amazing job perk!

But Tatiana realized that she couldn't shortchange her commitment to her team and to herself, even though her life had been turned upside down. She had a business that needed attention and people depending on her.

So Tatiana got creative. She made the most of the minutes she could find between appointments—making phone calls over the internet, writing emails, using social media—making sure that she was as present to her team as she would be if she were right in the same town. She kept up with her customers and planned marathon product demonstrations on visits back to the US.

"I had a commitment to my team and myself, and there were people depending on me," she said. "I wasn't going to let them—or myself—down."

Are you there for the people who count on you, even when the going gets rough?

Do you find creative ways to stay accountable?

Chapter Three

Drive for Results

"I had this dream, and I really wanted to be a star. And I was almost a monster in the way that I was really fearless with my ambitions."

—Lady Gaga

LAST MARCH I was at Disney World® for our annual Princess House incentive trip, along with some of our consultants and their families—over 2,000 people in all. As I went about meeting and talking with many of them, I heard amazing stories of drive and determination.

At Epcot Center, I stopped to take a picture of one of our consultants, Marisela Caballero from Perris, California, who was in line to take her picture with Donald Duck in a Mexican costume. I was waiting for them to finish so I could say hi, when a man who was standing in line with his wife got out of line and came up to me. He said, "Thank you so much! Marisela told us about what your company does, and she said you're the president of the company. It's amazing to think she's here on a trip, all expenses paid, because of your company!" At that point, Marisela got out of line to talk to me, and she told me that she had only been a Princess House consultant for less than a year. I said, "And you earned your trip!" She said, "Yes, I did. I went to National Convention last year, and when I left I had wings. When I got home, I told my husband I was going to do this and he didn't believe it. He said, 'These things don't work. I don't know why you're bothering. It's a waste of money. You'll never get paid.' When the product boxes started showing up for my customer orders, he complained that they took up the entire living room. And when I asked him to help me load the car before a party, he complained." She said, "But over time that all changed as he started to see that I was making money, was happy, and was becoming more confident in myself. And then I earned the trip for *both* of us. Now he asks me, 'What do you need me to put in the car for you?'" She went on to say, "I don't have any children, Connie, so it's just the two of us. You've changed our relationship and saved our marriage. We have a different life now." Now, I know she meant her Princess House business had saved their marriage; I didn't do it. Still, it was pretty awesome. Marisela had a plan, and she drove hard to achieve the results she wanted.

Having a drive for results and achieving them requires several things:

1. Gaining clarity of what you're aiming for—your purpose.
2. Identifying and writing down your goals. The more specific your goals are, the better. It may be a state of being for you personally—to be fit or healthy, or to find a partner in life with whom you can build a family. It may be a specific sales goal, a specific number for sales, or a percentage increase.
3. Visualizing and articulating what your desired results are. Hearing your goals physically spoken from your own mouth really does build your confidence and helps you achieve better results! Visualize the reaction on the faces of your family members when you have achieved a trip and you tell them "We are going to Maui!"
4. Preparing yourself to do whatever it takes to achieve your goals, both externally and internally. Both the preparation and the execution require patient consistency on an ongoing basis, which keeps you from getting in your own way and stalling or giving up too soon.
   - External preparation involves expanding your knowledge by learning all you can about the subject or maybe learning a skill you'll need in order to achieve your goals. If your goal is related to business, it may be learning about the industry and your competition or what it takes to build a customer base. Or it may be finding partners you can collaborate with or surrounding yourself with key advisors for feedback and advice.
   - Internally, you must prepare yourself mentally for what I call "the grind." Most results require time, mental endurance, and resiliency to setbacks and unexpected outcomes. Being open-minded to continually making adjustments is critical.

5. Putting together a plan of action. Once this plan is made, it becomes a living document. When you learn something new, you may need to add more detail to your plan. When you discover an obstacle, you may need to adjust your plan. Pivots and adjustments are not a demonstration that you failed or that you had poor judgment. On the contrary, each step taken may bring new learnings, and it's smart to apply them when you can.

Do you know what your purpose is and what your goals are? Have you identified your goals, written them down, visualized them, and shared them? Have you stood before a mirror, looked yourself in the eye, and declared what you want and will work to accomplish? Have you prepared yourself to do whatever it takes to achieve your goals? And have you put together a living, breathing plan of action? When you've done all that, you're much more likely to achieve the results you want.

We've had the opportunity to learn from and work with strategic coach Tony Jeary, and when he works with companies looking for growth, he teaches that Clarity, Focus, and Execution will accelerate their results. Being purposeful in planning your actions and timelines will ensure that you actually move toward the results you want. When your visualized results have a time frame, you start at the end and go backwards to build your timeline. And then you execute, which requires what we talked about in the last chapter: determination to stick with it. If your desired result seems like a huge stretch goal, you'll probably have times when you want to give up. But keep in mind that goals worth having will require much effort in terms of time, mental power, resources, and energy.

As you're executing your plan, you must take massive action to make your goals a reality. And massive action doesn't always require massive capital. We recently commissioned a national survey of Latina millennial women to gather insights on their perceptions of entrepreneurship, as well as direct sales. One of the questions was, "Have you ever thought about starting your own business?" The overwhelming majority of these women responded "Yes." The next question was, "What has prevented you from acting on that?" Their top reason was "I don't have the capital I need for it." Now, they assume that's what they need; but as we have proved at Princess House, that's very narrow thinking. If they want to open a restaurant, yes, it would take a lot of capital, but they could let Princess House be their vehicle for making money and saving for another dream.

How are you doing in applying these steps in the pursuit of your goals? Have you started the process of executing, and are you flexible to change as you learn more?

Let me share a story from my own life. When I went to college, my goals were to finish school in three years or less, to excel (for me, that meant going for a 4.0 GPA), and to do it without borrowing any money from anyone, including my parents. I was very driven to achieve those results.

I knew that in order to reach my goals, I needed to be working and going to school at the same time. I also needed to be very determined and disciplined in order to achieve the grades I wanted to achieve, as well as make the income I needed to earn. To accomplish all that, I had to do a lot of planning and preparation. I had to prepare myself mentally for long days over a long period of time, and I had to commit to both the physical and mental endurance to accomplish my goals.

When it came time to register for classes every term, I had to literally mastermind a schedule that would maximize my time so I could pull all the work and school puzzle pieces together. I scheduled all my classes on Monday, Wednesday, and Friday, starting at 7:00 or 7:30 a.m. and occasionally going until 11:15 at night. That involved finding the right classes with the right number of credits that met at the right times, and then making sure I could get from one building to the next in time to make the next class. And I did that for three terms each year, without taking a summer break.

On the four days I didn't have classes, I worked. My college was in Brooklyn and I worked primarily in Manhattan; since there was a commute by train involved, it would not have been efficient to schedule school and work on the same days. That meant I wasn't always able to take the best advantage of time, and time was the one constraint I couldn't control. I worked anywhere from one to four or six different jobs; and since retail is open seven days a week, that was one of my biggest work sources.

When I first started college, my goal was to finish as fast as I could, and over time I clarified my goal to, "I want to finish in three years." At the end of the day I did just that, and I finished 100 percent debt free. I didn't attain the 4.0 GPA, but I finished cum laude.

Don't be afraid to drive for big results. Often it's the fear of failure that prevents us from going for the things we want. I confess that that is something I have to fight continually. I'm not afraid *to fail*, per se, because I've learned to accept failure, though it doesn't feel good. I've learned that a failed attempt does not make me a failure. I'm afraid of *being a failure*. And, honestly, that fear is what I have to push past to drive. That doesn't mean I've gotten rid of it, but I have harnessed it. I've rechanneled it, and it now fuels passion and determination for me. What are you most afraid of, and does that fear dominate your thinking or actions?

If drive for results is something you want to develop in your life, there are some things you will need to commit to:

- Understand what your desired results are; then write them down, visualize them, and articulate them, both to yourself and others, with finite details.
- Follow a system that works:
    - Prepare, both internally and externally, to equip yourself to do whatever it takes to achieve your goals.
    - Put together a plan of action, and allow it to become a living document that flexes with learning.
    - Execute with massive action to make your goals a reality, making adjustments as you go.

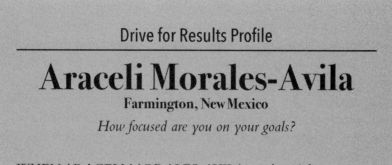

Drive for Results Profile

Araceli Morales-Avila
Farmington, New Mexico

How focused are you on your goals?

WHEN ARACELI MORALES-AVILA sets her sights on a goal, she doesn't give up.

Araceli could see the potential for income and personal growth in direct selling, and knew she could make the most of that potential through leadership.

"I was determined to be a leader and not stop growing," she said. "I advanced to the first level of leadership in my first year."

But life put a roadblock in Araceli's path when her husband was offered the job of his dreams—more than a thousand miles away from their Oregon home. That meant a move to a new city, with a husband working long hours and two small children at home.

"My husband was worried, but I wasn't," she said. "I knew if I stayed focused and organized, I could treat this as an opportunity to grow."

Araceli began duplicating the activities in her new community that had built her success before: meeting people, demonstrating products, and building a team. Because her direct-selling business has no borders or territory lines, she was able to start again in her new state, even though she didn't know a soul. At the same time, she stayed active long-distance with her team back home.

"I'm focused on my final result, just like I was when I started," she said. And it's paying off: Araceli recently reached the second-highest level of leadership in her company, and she doesn't plan to stop until she reaches the top.

How do you respond when you encounter a roadblock?

Will your focus on goals drive you to creative solutions?

Chapter Four

Passion

"Forget about the fast lane if you really want to fly.
Just harness your power to your passion."

—Oprah Winfrey

DO YOU REMEMBER where you were on 9/11/2001? I do. I was in Mexico City, desperate to reach someone—anyone—in my family in New York to know they were okay. Do you remember the impact that day had on your life? For many, it sparked a renewed passion to serve our country and fight for the freedom we hold dear. For others it renewed our passion to hold our loved ones close, as well as our faith.

Passion is often sparked by something we've experienced, or maybe something we've heard or read, and it rises up from deep within us to become a driving force in our lives. For example, some people who have suffered because of crime or tragedy become passionate advocates for women's rights or child abuse, or for philanthropic causes. Others are driven by passion sparked by their life circumstances, such as 9/11. For example, my little cousin left an IT job after 9/11 to join the FBI. As an immigrant to America who humbly started off in a lower east side ghetto of New York City, I am passionate about rising above the circumstances life throws at you. I think I was afraid of being stuck, standing still, and not moving forward. My passion pushed me through that fear.

What are you passionate about? Can you pinpoint the life events that sparked those things? Have you experienced moments in your life when your passion pushed you past fear?

If we allow it, passion can make our lives richer and fuller, and it can drive us to enrich the lives of others. As you read earlier chapters, you may have recognized that I am very passionate about music and performance. There was little emotional expression in my traditional Chinese home as I was growing up, so music and performance became a way for me to express myself. I became very passionate to perform, to excel, to learn, and to develop and practice discipline. As I grew older and entered a professional career, my passion for expression, coupled with my passion for rising above life circumstances, evolved into a passion for helping people, even when they're afraid of failing. That's why I love the direct sales industry, because it is dedicated to helping people succeed.

I am passionate about rising above the circumstances life throws at you.

That undying passion has driven everything I do, day in and day out, for the past twenty-five years. Working with people is rewarding, exciting, challenging, and different every day, because every person is unique. Every experience requires a different set of skills, and with every interaction you gain more understanding.

My passion actually goes beyond helping others—I'm passionate about enabling others to help themselves. I believe there is much wisdom in the ancient proverb: "Give a man a fish, and you feed him for a day. Teach a man to fish, and you feed him for a lifetime." When you enable people to help themselves, you're asking them to be accountable. I think that's a gift, because once you're accountable, you're less susceptible to falling into the trap of seeing yourself as a victim. That's why I'm so passionate about what an organization called Grameen America is doing. They offer microloans, training, and support to help women who live in poverty build small businesses to create better lives for their families. It isn't a handout. The women agree to be accountable to show up for weekly meetings, take the training, and pay back the loan at a modest interest rate that is well below what it is for the commercial market. Grameen doesn't just give these women a fish; they teach them how to fish.

That's what the direct sales industry does; it teaches people how to fish and gives them a vehicle to make their dreams come true. We don't give it to them; they earn it. We enable them to help themselves.

Does my passion to help others help themselves bring challenges? Of course it does! That's why it's important to nurture our passions in order to keep them alive and keep from getting discouraged. If we don't continually recognize, acknowledge, and validate them, and then take action accordingly, that flame can eventually grow dim or even die out completely. We have to feed them, not just internally with our beliefs and by constantly setting and resetting our goals, but externally as well. And to me, that's all about learning.

> *Give a man a fish, and you feed him*
> *for a day. Teach a man to fish, and*
> *you feed him for a lifetime.*
>
> ## —Ancient Proverb

I live every day on a journey of learning (and you may wish to, too): I *want* to know everything, I *don't* know everything, and I *keep trying* to know everything. I read voraciously—anything from books to journal articles to industry pieces related to trends, consumerism, business practices, leadership development, interviews with other leaders and CEOs, and case studies about what worked and what didn't work with different companies. And today so much of that kind of information is being produced in video form and shared on YouTube, Vimeo or Facebook. I find value in watching a video about how a global brand is positioning itself, how it's using concepts to attract customers, and how it's trying to relate to its target audience.

I also believe in paying forward what I learn. When I find something that is relevant or has great insight, I share it with my team members—sometimes with my direct report executive team, or, if it's topic specific to a functional area, with the relevant department, like my purchasing or IT/IS team. And at Princess House we have an intranet site called PH Connects! This pop-up screen includes content I curate to share what I call "enrichment material"—stories, articles, videos, etc., that I think might provide value or enrichment to our employees. That may include such things as an article about WeChat, a social media channel developed in China, and how it is changing the world and has become a source of retail that rivals our American social media or ecommerce channels. That knowledge may not directly affect any of their lives, but it certainly widens their horizons to understand the bigger world we live in.

I am passionate about enabling my home office team to become better and learn more, and hopefully at the end of the day to help them become more productive individuals in their communities and corporate citizens. The gift of learning doesn't cost a cent. All it requires is persistence and forethought; and in the end, it's a gift that keeps giving.

How are you feeding your passion? Are you keeping it alive with learning, and are you sharing that learning with others?

Are you keeping your passion alive with learning, and are you sharing that learning with others?

My passion for engaging and talking to people, and especially getting to know the people I serve, drove me to embark on a thirteen-city CEO Tour across the US shortly after coming to Princess House. The company did not have a National Convention on the schedule, so I didn't have a forum for meeting the large groups of people I now served. I wanted an opportunity to share who I am and what my vision for Princess House was; and I was looking forward to seeing our consultants and leaders, hearing their stories, and looking at them eye-to-eye. The only way to do that was to go out and do what I called a "Create Your Future CEO Tour." I didn't take an entourage with me. It was just me and my little suitcase and one or two staff members who joined me at each location. In each city, I spoke to between 200 and 500 people who drove from all parts of the US to the event city that was closest to them.

When I had my meeting in Colorado, it was just three days after the Aurora movie theater shooting at the Batman premier (*The Dark Knight Rises*). The son and daughter-in-law of one of our consultants had been in that theater that night. A bullet had just skimmed past her daughter-in-law's head, and her son's leg had been amputated just that morning. So before I started, I asked for a few moments of silence for those who had been lost in the shooting and those who were still struggling. Then I heard someone say, "She's here!" That mother was in the room! At first I was surprised, and then I thought,

You know, this is probably exactly where she needs to be. I'm glad we were there for her that day and that she had a place to go when she needed comforting, community, and love. It's moments like that that I will remember forever. I checked on her recently, and she's now a Unit Organizer in our company. In fact, I'll see her next weekend in Maui at our incentive trip. Her son has just had another surgery but is doing well.

I mentioned my suitcase earlier because it was an important part of my tour. I confess that I have a passion for shoes; I probably have at least a hundred pairs. So I brought a suitcase full of shoes, and I centered my presentation on them. One of my favorite quotes is from Marilyn Monroe, "If you give a girl the right pair of shoes, she can conquer the world." I talked about how important it is to wear the right pair of shoes for your journey so your feet won't hurt, you're prepared to do your best (whether for endurance or sprinting), and you really can conquer the world. It's all about preparation, attitude, and resilience.

Then I brought out and talked about the different types of footwear that may have represented who they were at their stage in life or business—fuzzy slippers, for those who like to stay in their comfort zone; loafers, for those who just lounge around and wait for things to happen; or flip flops, for those who quit after the first "No." Then I brought out the Lady Gaga shoes with the stiletto heels and I asked, "Or are you the Lady Gaga who is willing to step into these shoes?" I said, "Don't you feel different when you put on your rocking shoes? Yes, you're a little shaky in the heels until you get your balance. You might even trip, and you might even fall, but it's how you recover that matters. You get up and do it again. And every time you go back out there in those shoes, you are strutting more confidently than before. Before you know it, you're holding your head high, you're not afraid, and you're walking that path." I said, "So what shoes are you wearing on your journey?" They got it, and the response was fantastic.

My passion drove me to do that tour. I wasn't sure what I would encounter or even if I would be well-received. My passion helped me overcome those fears of the unknown, and it was my way of sharing, learning, and growing, and helping others to share, learn, and grow as well.

So how are you doing at feeding your passion(s)? Are you driven to use your passion to help others or make a difference? If so, you might consider these five things:

1. Identify your passion(s)
   ○ Has something you've experienced, heard, or seen triggered something deep within you and made you want to make a difference?
2. Determine and define how you can use your passion for the betterment of your life, your family, your community, or the common good for the world.
3. Reflect often about whether your passion is guiding you to stay on track or leading you astray, and recognize when you need to recalibrate. Sometimes passion and fear compete for your attention and action—know when passion should win.
   ○ Recognize, acknowledge, and validate it, and then take action accordingly.
4. Maintain a never-ending desire to learn, and then share what you learn with others.
5. Establish and manage your expectations—don't settle.

Passion Profile

Lilliam Melgar
Downey, California

Do you believe YOU can be the best?

LILLIAM MELGAR WAS born in Central America, and like many others she came to the US for a better life. Today she has the distinction of being the premier leader and highest-ever income earner in the direct-selling company she joined.

Ask her what is responsible for her success, and she sums it up in one word: passion.

"Everything begins with passion," she said. "We have to share our passion with everyone."

Lilliam set a goal for herself early on that seemed almost too big to achieve: to reach her company's highest leadership level, and to mentor and help twelve more women to join her at that level. She had a passion to help other moms and immigrants like herself find the success they deserved.

Lilliam's passion is infectious—it spreads through her whole team. She has a natural talent for inspiring women to see possibilities they never saw before, and to focus their passion on living their dreams.

Today, thanks to Lilliam's passionate pursuit of her dream, her goal of twelve highest level leaders is in sight. But beyond that, she's built a team that is over 10,000 strong.

"Helping people improve their lives enriches my life," she said. "Their passion grows from mine. What use is passion if it isn't shared? No use at all!"

What are you doing to focus your passion on a goal?

Who can you share your passion with?

Part Two

Outside
(Me and Others)

Values that influence the role you play with others:

Collaboration
Agility

Collaboration

"Coming together is a beginning, staying together is progress and working together is success."

—Henry Ford

"IT TAKES A village to raise a child." This African proverb has become a global statement that speaks to the need of a community, caregivers, and collaborators to come together to raise, feed, protect, nurture, teach, and love a child into adulthood and greatness. The concept became especially crucial in Africa during the thirty years of the global HIV epidemic, when an estimated seventeen million children lost one or both parents due to AIDS, and 90 percent of those children lived in sub-Saharan Africa. Extended family members, communities, non-profit aid organizations, church missionaries, volunteers, and government social services all came together and collaborated to help raise these children.[4]

This phrase has also become common in professional settings to represent the need for collaborators to come together to bring projects or strategic initiatives to fruition and successful outcomes. Similar concepts such as "no man is an island" and "united we stand, divided we fall" highlight the truth that collaboration generates a level of unity, strength, and creativity that we cannot achieve alone.

My professional career has taught me that the path toward success, both personally and professionally, is greatly enriched and advanced by collaboration. In fact, it's difficult to realize your true potential, your goals and aspirations, and certainly your professional objectives, without collaborating. Even if you're a sole proprietor of a business and you work from home, engagement is required and collaboration is a big piece of it. Collaboration allows you to maximize the knowledge and expertise of the people around you, and I can tell you that it has been a crucial element in helping me successfully deliver on many major projects throughout my entire career. Simply put, working collaboratively helps you work smarter and make amazing things happen.

Most of the time collaboration is free, because your collaborators are usually people from your circle of influence—your personal or professional network you go to for advice and feedback. A former colleague of mine is starting his own company, and he sent me an email recently that said, "Incorporating your previous feedback, we've netted down our product packaging to look like this. What do you think?" My advice will not cost him a thing. However, as the person who is providing feedback, I want to know that he finds it valuable; otherwise, why should I bother next time I'm asked? Collaboration breeds collaboration and quality advice breeds quality advice. It's a reciprocal relationship.

There are times, though, when you'll want to bring in an expert to collaborate with when the stakes are high. In 2016 we at Princess House were 300 percent focused on achieving our business goal of growing at twice the rate we had grown the prior year. That was a huge goal, so we brought in Tony Jeary, a business strategist known as The Results Guy™, because of his reputation for helping companies deliver accelerated results. By implementing Tony's *Strategic Acceleration* formula of Clarity, Focus, and Execution, we were able to focus on a clearly defined strategic plan and execution tactics and collaborate with great care throughout the organization. It turned out to be our best year yet. We actively work to think, behave, and collaborate like a high-performing team.

A key to successful collaboration is going to the table without any pre-conceived assumptions about what your fellow collaborators can bring to the discussion. For example, when we were talking about how to launch a major product at Princess House a few years back, it was our operations vice president who surprised us with the suggestion that we use social media online videos. If you limit yourself to collaborators based on title or role or what you think they know or don't know, you could be missing out on great opportunities to gain rich insight. Good ideas truly can come from anywhere.

Unfortunately, people do sometimes go to the table with pre-conceived notions, and I think that's where we face our biggest fears in collaborating. Have you ever simply been afraid to ask for advice, feedback, help, or collaboration because you were afraid you may be judged or ridiculed? I can tell you I've been guilty of that. Why is it that we expect ourselves to know everything all the time and are afraid someone will figure out when we don't? Can you look back and see a time when fear stopped you from entering a potential partnership or collaboration?

Good collaboration truly brings out the best in people. And when you collaborate, some of the other principles in this book—such as respect, accountability, and agility—come into play to produce results everyone can take pride in.

Who are some of the people in your life—colleagues, business partners, friends, teachers, mentors, fellow networkers, or even family members—with whom you could collaborate to get better results?

A number of years ago, the company I worked for developed a business tool for its independent distributors. It was a beautiful, leather-bound day planner about the size of an iPad that included many business tools—the company background, key product information, the opportunity presentation and compensation plan, and of course a calendar so they could book follow-ups, trainings, and meetings—all in one package. We launched it in the US with great success and much positive feedback. So to maintain brand consistency worldwide, the company decided to launch it next in our Southeast Asian market, consisting of multiple countries.

When I got to Hong Kong, I was excited to show the beautiful day planner to my team. You can imagine my surprise when they shot it down! My number one sales leader immediately said, "It's too big." Now remember, I am of Chinese descent and happened to be born in Hong Kong, and I even spoke the language. But what I did not realize was that I didn't *live* there, *work* there, or *commute* there and thus could not fully grasp the concept that space is so precious in extremely crowded places like Hong Kong, Japan, and Singapore! My leader said, "There is no space for it in my bag; there is no space in my briefcase. And I don't have a car." I said, "Really? It's a book! You don't need a car to carry this." He said, "Yes, you do. I walk or I take the train everywhere I go. It's an extra weight I don't have room for. And, by the way, I use a Palm

Pilot now." (Remember those?) That was a huge eye-opener for me; it broke many assumptions. Even though I don't think I went in there as the obnoxious American, I probably did go in with the assumption that no one could "do one better." We were the home country; we were the founding country; we were the US! But they were ahead of us in technology! No one at the home office had a Palm Pilot. I hadn't even seen one yet! And he was right. In most parts of the US, space is relatively much bigger and most people drive cars. I had gone in there with a US mentality, and it had blocked my thinking. What if I had gone in without collaborating and just said, "Headquarters says we're going to launch this globally." It would have been a big, costly mistake.

Great collaboration results in a well-oiled machine that runs effectively. Maybe you're in a family situation where you must collaborate with other family members and friends to take care of someone who is ill or an elderly parent. Or maybe you're doing a major product launch that requires collaboration from all the pieces in what I call the "value chain." It's not just a supply chain; it's a value chain, in which each contributor adds their own unique value. Any time you're collaborating with others on a project, large or small, business-related or personal, every piece in the chain should provide a specific value that adds to the result. You don't get a lot of value when you have four people doing the same thing.

In order for that chain to work, though, it's important for the whole team to clearly understand the objective, and for each member to respect and value the input that comes from the others. That's why good leadership leads to good collaboration.

As I was writing this chapter, I pictured a set of diagrams, which I call the "Collaboration Matrix," to demonstrate the value of collaboration.

Let's say you're leading a team or heading up a project. You know you'll need to bring experts on board to help. But if you simply hand out assignments and don't involve your team collaboratively, you may end up with everyone moving in the same direction without ever quite hitting the mark.

But by facilitating a collaboration effort where the members of the team interact and share their expertise with each other, you'll arrive at an action plan that is more specific, more focused, and better targeted to achieve the outcome you desire. As the leader, you start by bringing the group together and clearly defining your desired outcome—the task you're setting out to achieve—to make sure everyone understands the role they play. At this point, remaining open to their input, ideas, and feedback may even lead you to reevaluate and fine-tune what you believed the outcome would be. Your role is to share your vision and work with them to set goals that will help you arrive at the best possible result.

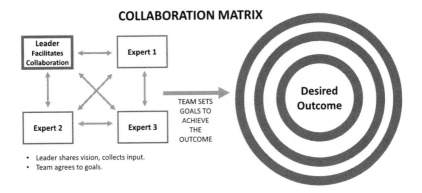

COLLABORATION MATRIX

Now that you all understand the desired outcome and have clarity about your roles, you can begin to collaborate.

Ideas fly back and forth and don't stop until there's a complete plan to hit the bullseye. There's a lot of cross-pollination, with each collaborator relying on input from the others for successful execution.

Let's look at an example to see how this works.

Suppose you are thinking about starting your own business and need help putting together a business plan. You may have a dream and a vision, but you need help putting everything that's in your head, including research you've done, into an articulate, clear business plan that you could share along the way if you need additional seed money or encouragement from your support network. To start, you have to be open to soliciting help from potential collaborators.

You enlist the aid of several people you know who have key skills to help you succeed. Norma is a great networker, and she can help you identify potential investors. Cathy knows communication inside and out; she'll be perfect to develop the story of your business. Jessie is a whiz with numbers; she can help you with defining your start-up needs, proving business viability and determining how growth will work.

If each of these talented people is contributing on their own, you're left with the monumental task of pulling all the strands together into a coherent business plan. What's more, if you don't facilitate collaboration, you won't know until you get down to writing the plan whether Cathy's business story is something that will appeal to the investors Norma identified, or if Jessie's projections match the amount Norma feels she can raise.

When your team collaborates, everything changes. First, you share your vision and gather their input. Then you work together to arrive at goals that will help you reach your targeted action plan.

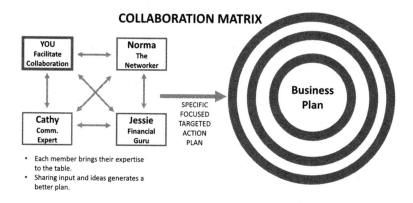

Each member of your team still functions as an expert; but because they are interacting and communicating with each other, they're sharing ideas and adjusting their input as they go along. There are so many benefits: more ideas, better coordination of effort, time savings, and a more focused plan.

You can use the Collaboration Matrix diagram as a starting point for a collaboration project. Start with putting what you're trying to accomplish into the bullseye. It could be planning a successful leaders' meeting, organizing a PTA fundraiser, or designing a home office renovation. Identify all the players you'll need and map out what it would take to hit that bullseye and make your outcome a reality. Don't forget to practice agility (we'll talk more about that in chapter six) during this exercise as you evolve, learn, and apply.

Collaboration Profile

Taysha Mahoney
Gardena, California
The life of a "Mompreneur"

TAYSHA MAHONEY NEVER stops. She's managed to raise three kids as a single mom, work full-time, and run her own successful direct-selling business, all while completing her associates, bachelors, and master's degrees.

"It's been a crazy schedule," Taysha said. "And I couldn't have done it alone."

The key to Taysha's success as a mompreneur: collaboration. Taysha explains that although she owns her own independent business, she's the leader of a group of other independent entrepreneurs. Together, they work toward achieving goals and keep each other motivated.

"Staying connected as a team—me with them and them with me—that's been so important," she said.

No matter how busy she gets with school, her job, and her kids, Taysha always makes time for the group. She's there for them to provide guidance, answer questions, and help new members start off on the right foot. At the same time, she depends on them to help her out when she needs it.

"It's not a solo game," she said. "It's all about the team effort and working together."

When you collaborate, Taysha says, you're always learning. Plus, the team keeps you accountable—even when times are hard for you personally. And being part of a team is always a lot of fun.

"There's nothing like the trust and the relationships you build," she said. "And there's nothing like celebrating success with your team."

What was your most successful collaborative experience?

What makes a team more than the sum of its parts?

Chapter Six

Agility

*"The entrepreneur always searches for change, responds
to it, and exploits it as an opportunity."*

—Peter Drucker

KODAK. BLOCKBUSTER. CIRCUIT City. Polaroid. Nokia. Kmart.
Do you recognize those companies? All were household names at
one time, and a couple of them are still around in a smaller, different
capacity; but all suffered extreme setback or complete demise primarily
for one reason—lack of agility. Those companies didn't respond well to
change.

Whether you're a mom, a CEO, a business owner, a member of
a corporate team, or any combination of those roles, agility is one
requirement for success in today's world that you simply cannot ignore.
Agility is having the flexibility of movement to adapt to an environment
of change. Agility informs what you do next when those unpredicted
situations arise that compel you to adjust a tactic you had previously laid
out. A perspective of agility is one that seeks solutions, possibilities, and
potential, even when your initial impression is that you've hit a wall. You
may keep trying and hitting dead ends, but each time you apply what
you've learned until you see the possibility of successfully completing
what might have seemed impossible.

I believe the two most important forms of agility are change agility
and learning agility. Let me explain the difference.

Learning agility is the willingness and the ability to take newly
acquired information and learn it, apply it, and then practice it. There

is a huge difference between just taking a class or reading a book and having the agility to apply what you've learned and put it into practice.

Change agility is the ability to recognize change that happens around you, push past any fear of it, adjust any necessary behavior or tactics, and apply those adjustments to the situation that has been affected by the change.

Success as an entrepreneur and in life requires that you accept change as a constant. Change comes with a lot of baggage—the baggage of fear of the unknown, the baggage of doubt, and sometimes even the baggage of suspicion or anger. But if you have agility, you can unpack that suitcase and take out each piece of that dirty laundry and decide what to do with it. You can wash it, you can toss it, or you can use it.

> *When written in Chinese, the word 'crisis'*
> *is composed of two characters. One represents*
> *danger and the other represents opportunity.*

—John F. Kennedy

Agility can sometimes seem daunting, because deciding on a new course can seem unnatural and uncomfortable. Think of your brain and your behavior as muscles that can flex and bend. It takes repetitive motion and stamina to be really good at both change and learning agility. It's almost like the first time you take a yoga or karate class or do any kind of physical activity that requires you to stretch beyond what you normally would.

Let me share a personal example. When I was pregnant, I suddenly found myself with many new health challenges, and I had to apply huge doses of both change and learning agility. I had to quickly become an expert and learn everything I could about each new condition. One of the conditions was gestational diabetes. I had to learn what that really meant, including what was happening in my body and what I could do about it—how I should eat, how I should sleep, how much water I should drink, how often and how long I needed to walk, everything. It wouldn't have been enough to just know what I was told or what I read about the condition. What really made the difference was what I *chose* to *do* with the information I had.

If you're a first-time expectant mom, it's new and exciting, but it's also scary. Things are happening to your body that you never expected, and you're trying to think of all the adjustments you have to make throughout that very special time in your life. Every day is different. Every day you have to sleep in a different position. Every day there's a new food that might not sit well with you. That's when you really have to practice agility and be actively engaged in it; if you don't, the adverse effects could be many, from feeling bad to having significant health challenges throughout your pregnancy, as if the hormonal emotional swings weren't enough!

My daughter was born a little early, and every time we went for a checkup something new came up that I had to learn about. At one point, she was getting respiratory infections and we started hearing very scary words like "cystic fibrosis." At another point we heard "heart murmurs," and all of a sudden she had a cardiologist. We heard "failure to thrive" because she didn't gain any weight for a month, and she suddenly had a gastroenterologist. Then, because she had an infection they couldn't get rid of, we heard, "There might be cancer in her blood." Each time we went to a specialist we came away that much smarter because we had learned. We had to constantly change the way we thought and behaved, and we had to apply learnings at every turn, even when we were scared, and not let fear paralyze us.

Have you found yourself having to care for a friend or a family member, and all of a sudden you have to become an expert in medical conditions you'd never thought about before? Or have you been told by a doctor that you have a medical condition or disease? Maybe you learned that your cholesterol is high or that you have asthma. What did you do next? Did you have the discipline to educate yourself and learn as much as you could about the condition you have? Let's say you did take that step and learned all you could. Now, what did you do with what you learned? Did you take personal accountability for modifying your behavior so you could make an impact on your condition? If so, you were actually applying both change agility and learning agility, based on what you learned.

Agility is required every day in many ways, in both your personal and business life. Once you get really good at practicing agility and it becomes second nature, it actually helps create more mental balance. Maybe you're managing a household with children and balancing all of their sports and other activities, complete with forgotten soccer balls and knee pads and leotards. Or maybe you happen to live in a metropolitan area where you're navigating traffic patterns that change every day. One day it takes you twenty minutes to get to work, and the next day it takes two hours. If you've exercised those muscles of agility enough, you know how to respond and you're actually less mentally stressed.

When we do promotional programs at Princess House, we have to be agile and make decisions to modify our tactics if something is not working—and sometimes we may have to make a change immediately. A few years ago, we thought our consultants would like to have the choice of two starter kits—one that did not have a rolling bag for our products and one that did. We obviously didn't realize how popular that rolling bag was. There was such a poor response to the new kit without the bag that we changed it back within sixty days. If we hadn't been agile enough to respond that quickly, it could have significantly prolonged the hurt from a business standpoint.

Agility also implies speed. In today's world, agility is required in order to stay competitive and relevant. The world is moving at a much faster pace in all industries and in all sectors. Techs in Silicon Valley have actually coined the phrase "agile development," a term that applies to young companies that start up with the intent to fail as many times and as quickly as they can so they can get it right faster. They see how much they can learn from their failures and how fast they can make changes to put their product out there again. That methodology has caught on in sectors other than technology as well. According to a company called The Lean Startup, "Too many startups begin with an idea for a product that they think people want. They then spend months, sometimes years, perfecting that product without ever showing the product, even in a very rudimentary form, to the prospective customer. ...When customers ultimately communicate, through their indifference, that they don't care about the idea, the startup fails. ...A core component of Lean Startup methodology is the build-measure-learn feedback loop. The first step is figuring out the problem that needs to be solved and then developing a minimum viable product (MVP) to begin the process of learning as quickly as possible. Once the MVP is established, a startup can work on tuning the engine."[5] That is the epitome of applying both learning agility and change agility!

Today's leaders are evaluating their work staff not only by what they deliver in results, but also by their change agility and their learning agility, because that informs them about their future potential. They're looking for employees and support teams that can grow with them, and that requires agility. Those with agility bring a greater complement of contributions to the table, so their value is augmented.

That's a significant shift in how the business world has changed in the last few decades. People no longer stay with one job until they retire. Today, on average, a millennial changes jobs every two to two-and-a-half years. Think about it—in a fifty-year career (which is coming to be the norm), that's about twenty-five potentially different titles, twenty-five different companies, and twenty-five different roles! In each job, you have to learn a new culture and a new business, and you might even have to learn a new industry. And you have to learn to work within different human dynamics and use different collaboration models. If you exercise purposeful agility, you can build a career with cumulative benefits, where every job you have (even if it's twenty-five different ones) reinforces your ability to do the next one and the next and the next, successfully. When you can actually be purposeful about agility, that's when magic can happen—when true productivity can be achieved and you can accomplish specific goals.

When have you encountered a situation where you had to learn a new task, a new skill, or a new way of doing something and apply it quickly, for fear of causing irreparable damage if you didn't? Perhaps you had to apply agility to keep from missing an important family event or an opportunity at work. Or maybe you did miss a promotion because you weren't able to demonstrate learning agility.

Sara Blakely, the founder of Spanx, has become the world's youngest self-made female billionaire, and it all started with agility. She was getting dressed for a party and didn't like the way she looked in her white pants because she didn't have the right undergarment. With quick-thinking agility, she cut the feet out of a pair of pantyhose and voila! A multi-billion-dollar brand was born! She knew nothing about millery, hosiery, or shapewear. She just knew she had a problem. She started learning and acquiring the skills she needed by seeking out mills and talking to people. At first, she couldn't get anyone to make a sample of her crazy idea, but one mill owner finally overcame his own fear of working with a virtual novice who knew nothing about textiles, fashion, or clothing and wasn't even a designer, and he agreed to make that first sample for her. And because of his agility, I'm sure he has reaped the benefits as well.

How do you think exercising greater agility would change your life? Perhaps you might consider these actions to help you achieve purposeful agility in both your personal and professional life:

- Adapt to what life has to offer.
  - Accept change as a constant.
  - Think about what change has occurred in your life and how you could benefit from that change by exercising agility.
- Learn all you can about the things going on in your life or your business, and apply that learning to each situation.
  - Become an expert so you can adapt and benefit from each circumstance.
- Change your perspective to one of agility that seeks solutions, possibilities, and potential, even if you think you've hit a wall.

Agility Profile

Katie Wilson
Deland, Florida

Are you willing to go out on a limb?

AS A YOUNG single mom, Katie Wilson appreciated the income and flexibility that a career with a party-plan company afforded her. But she also recognized that agility would play a key role in making her business successful.

"Times have changed, and people have different ways to socialize," she said. "My business has to change too."

Katie makes extensive use of social media, and even produces videos herself that she can post to draw attention to her business. She keeps them fun, keeps them light, and keeps them short.

"Most people don't have 15 minutes to spare," she said, "but they have one or two minutes to watch a video."

Katie's changed up her parties, too. She encourages people to bring kids, so that child care won't be a barrier. And in a business that has traditionally been the domain of women alone, she's encouraging parties that couples can come to and shop together.

"We post videos right from the party," she said. "People love to feel like a movie star."

Experimenting with new techniques and taking advantage of new technologies and new opportunities—that's the kind of agility that's made Katie Wilson a star in her own business.

How are you finding new ways to do business?

How can agility help you find new opportunities?

Part Three

All Around
(Me and the World)

Values that affect the impact you leave on the world:

Respect
Compassion

Chapter Seven

Respect

"Knowledge will give you power, but character respect."

—Bruce Lee

DEBORAH NORVILLE, AMERICAN journalist, author, and anchor of *Inside Edition*, wrote a book in 2009 called *The Power of Respect: Benefit from the Most Forgotten Element of Success*. Norville did extensive scientific research exploring the concept of respect, which she defines as "acknowledging the value and uniqueness of others and being mindful of their feelings, while at the same time trying to put myself in their position."[6] In the conclusion of the book she says, "Now that I've seen the research done by some of the greatest minds in the field, I am stunned to see the impact of being respected and giving respect. I am also mystified. Why wouldn't someone want to put it to work?"[7]

Great question, don't you think?

Respect is actually an emotion, a positive feeling of esteem or admiration that you have toward others, and you choose whether to "put it to work" or withhold it. You may give respect in a leap of faith, based on a positive first impression with many unknowns, in response to something you see on TV, a presentation that someone makes that validates your opinion on a particular topic, or just the visual image a person makes at first appearance.

In the same manner, you may withhold respect based on a negative opinion formed from a first impression. If you allow that opinion to control how you behave, you're discounting the possibility that you have misinterpreted some cues and not given respect to someone who, perhaps over time, might validate and earn it. At the end of the day, it really is about forming relationships, both personally and professionally. Gaining more understanding of what makes that individual unique just might change your opinion and kindle a relationship, which would open you up to more learning and understanding.

Think of someone who is very important to you. Now, think back to your first impression of that person. Did you make an immediate judgment? If so, was it accurate? Was it one of respect, or did your relationship evolve later, through understanding, into one of mutual respect?

In order to gain respect, you have to give it. In an environment where you must coexist, work, and collaborate with other people, you have to develop a mindset that allows you to give respect before there is quantifiable validation that the person deserves it. Then once you give it, in faith, you seek to understand more about what makes that person unique. Seeking to understand will lead to tolerance at the very least and then hopefully to embracing and then celebrating the individual's uniqueness.

Tolerance is difficult, because it implies that there is a difference in opinion, culture, lifestyle, or upbringing, which you may be challenged to overcome before you can understand. I think the very starting point of respect is tolerance, because it's at that level that you begin to understand and accept where you're the same and where you're different. Let me share an example.

Many years ago, I went to Taiwan with a group of four business consultants—all Caucasian American men—to engage a local law firm to be the formal representative for our new business subsidiary. I was the only female in the group, and certainly the only Asian, and all four men were consultants hired by my company—I was their client. When we arrived at the law firm, we were shown into the conference room, where we waited to meet the lead attorney. When he arrived, we all stood and just naturally lined up to shake his hand. I was the first in line. That very prominent attorney walked right past me without even looking at me and shook the hands of the four Caucasian American men, all down the line, and then walked back to the front. It was only when one of the men said, "Oh, and this is Connie Tang, the Vice President of International for the company we represent," that he acknowledged me and shook my hand!

At the moment I think I was in shock; but as I thought about the incident post-meeting, I was offended, annoyed, and stunned. As I mulled it over more, though, I realized that he did that because of the culture he was brought up in. (In fact, it has happened to me twice since then—once in Mexico and once in Venezuela.) I don't think he purposefully disrespected me; it was just his natural behavior, based on his culture. While I didn't agree with it, and while my understanding of the roles of women in business is certainly very different, I had to respect the man for what he was bringing to the table. We were engaging him for corporate legal matters in a country that was not our own, and I respected him for his professional expertise. We did end up making him and his firm our legal partners for many years, so that required me to be tolerant and push down my negative first impression of him. I could not let my impression blind my judgment or affect my behavior.

Tolerance really has to come into play when there are differences that cause dissention, where there is much emotion in opinion and behavior. Varying differences will require varying levels of tolerance. Once you get past all the colors of emotion, which can blind you, and reach the level of tolerance, you can begin to understand and appreciate the differences. At that point you can mentally, emotionally, and objectively embrace that individual.

Diversity exists in our world, not just in color of skin, language preference, lifestyle, or religion, but also in thinking, as in different political views. At Princess House, I often take the opportunity to remind myself and my team that diversity goes beyond the eyes and the surface of the skin. We have a very diverse sales force. The majority of our business is in the Hispanic market; within that market we have a majority of individuals from Mexico, but we also have Salvadorans, Guatemalans, Brazilians, and Puerto Ricans. Then in our general non-Spanish-speaking market, we have both African American and Caucasian women. But within that Caucasian market, we have a wonderful, thriving market of Amish and Mennonite women.

I believe embracing diversity leads to gaining, not losing. If you're afraid that embracing someone or something that is different will mean giving up your values, opinions, or position, you have it all wrong. When you can embrace diversity, you can recognize the value of each individual and respect them for their potential contributions to your relationship, to your business partnership, or to your collaborative group or team effort. It may further strengthen your unique perspectives and add to your knowledge. And then you can celebrate and honor each other for those contributions. Celebrating diversity means you have actually crossed over into another level: you've accepted it, you understand it, you have an appreciation for it, you're embracing it, and now you're sharing knowledge and experiences. It's a very emotional progression—an ascension to certain levels of awareness, if you will, that requires a lot of self-awareness.

Often, fear is what prevents us from giving respect. I think we are sometimes afraid to give of ourselves with minimal or no information to go on, because we're afraid of making a mistake. As human beings we all have a defense mechanism, and when we give to someone with some uncertainty wrapped around it, there's a fear that we might be hurt. We have to be careful in how we balance that natural instinct of self-preservation with being able to realize a rich life by embracing, celebrating, and recognizing diversity as an opportunity. Living in fear of being hurt will rob you of the opportunity to experience the benefits on the other side—to be smarter, stronger, and more fulfilled, and to expand your community, your support network, and your world view.

You may remember when I talked about collaboration in chapter five that I said you have to go to the table without any pre-conceived assumptions. What I was saying, basically, is that collaboration requires a level of respect. Think back when you were in your high school class and your table was assigned to do a project or you were encouraged to work with a partner. You likely didn't know that person, and yet you had to figure out how to collaborate. In order to collaborate well, you have to respect the role of the other person and what they bring to the table. Sometimes something may be very important to them that is different from your thinking, and you have to respect their feeling of accountability for the position they're taking. It's usually very easy, though, to look at what's different rather than changing the conversation to ask, "What's the same? What do we share? What connects us?"

When we find sameness, that's when we feel safe and our fear is alleviated. When you walk into a party, what are you afraid of? Not knowing anyone and not knowing what to say to strangers. Right? The minute you see someone you know, your fear and stress are lessened, because you have found sameness. And when you meet someone new, when does the anxiety and fear start to break off? It's when you start understanding that individual. The minute you let go and allow yourself to become aware of what connects you, you start to relate and become tolerant of whatever is different, and you're less apprehensive or defensive.

Have you ever found yourself afraid to trust and to give respect? If so, have you thought about what you might have actually missed out on? Maybe there was a time when you were unsure about giving respect to someone but you forged ahead anyway and then realized later how great the ensuing relationship was.

Respect is almost like a code of conduct, and it is most called for in the most challenging of times. No one likes conflict, and if respect were applied more often, conflict could be better managed. I won't say it can be avoided, because there will inevitably be conflict in our lives, whether it's a mom and a dad dealing with a teenage child or if it's with a spouse or a co-worker. In all situations, there is potential conflict of varying degrees. And depending on the differences involved, the conflict can be loud, or it can be passive/aggressive—never solved and never mentioned. But if we command ourselves with respect, conflicts can be managed and perhaps diverted, or at least resolved with civility and honor.

If you are challenged with accepting and respecting diversity, these suggestions may help you start the progression of tolerance, understanding, embracing, and then celebrating the diversity you're struggling with:

- Seek to respect first, through understanding what makes each person unique and what they can bring to the table.
    - Give respect in order to gain respect, especially when you meet new people, are put onto a project team, or attend a conference and network.
- Appreciate your uniqueness and differences, which will lead to mentally, emotionally, and objectively embracing diversity.
    - Take note of when an idea, information, or opinion from someone with a different mindset has added to your knowledge base, helped cement your opinion, or perhaps even changed your mind.
- Recognize the value of each individual and respect them for their potential contributions to your relationship.
- Celebrate and honor each other for those contributions.
    - Who have you encountered in your personal and professional life that has positively contributed to your development? This measure goes beyond dollar value—it extends to development and growth in spirit, character, values, and skills.

Respect Profile

Charity Lapp
Gap, Pennsylvania

What does life feel like in someone else's shoes?

EVEN THOUGH CHARITY Lapp's world, just like ours, is full of cell phones and social media, her business demands that she remembers what it's like to live technology-free.

Charity is a direct-selling leader, operating her business from her home in rural Pennsylvania. The beautiful cookware and home items she sells have found a very receptive audience among the local Amish people, and as a result she's been able to build a strong customer base and a team of other independent business owners in that unique community.

"It can be very delicate," Charity said. "You have to listen to people, understand them, and meet them where they are." Helping her team members blossom as business women has been a particularly challenging—and rewarding—experience. Most live on farms, without electricity, and with limited access to phones and the internet.

But Charity finds that many of the leaders she's developed are extremely talented, goal-oriented, and creative. By respecting who they are and working with them on common goals, she's been able to help them—and herself—reach ever-advancing levels of success.

"For me, leadership is never about me," Charity said. "It's always about them. Respecting who they are. Understanding what they want. Recognizing the challenges they face, and letting them know I'm there for them."

How do you feel when you know that you're being heard and respected?

What steps do you take to understand people and their needs?

Chapter Eight

Compassion

"As you grow older, you will discover that you have two hands, one for helping yourself, the other for helping others."

—Audrey Hepburn

DO YOU KNOW the difference between compassion and empathy? According to an article on the website, "Greater Good: The Science of a Meaningful Life," sponsored by the University of California, Berkley, compassion literally means "to suffer together." Researchers define compassion as "the feeling that arises when you are confronted with another's suffering *and feel motivated to relieve that suffering.*"[8] It's that last part (emphasis mine) that separates compassion from empathy. Though the concepts are related, empathy is the ability to feel the emotions of another person; compassion enters the picture when those feelings and thoughts include the desire to help.[9] I love that. Compassion is what makes us go beyond just feeling; it's what compels us to take action!

I was intrigued to learn that there has been quite a bit of scientific research done regarding the biological basis of compassion. According to the Greater Good article, "This research has shown that when we feel compassion, our heart rate slows down, we secrete the 'bonding hormone' oxytocin, and regions of the brain linked to empathy, caregiving, and feelings of pleasure light up, which often results in our wanting to approach and care for other people."[10] I believe that may be why we, as women, are much more prone to exhibit compassion! Oxytocin is the hormone that is released both in labor and when breastfeeding, and it's one of the critical elements that physiologically and biologically facilitates bonding with your child.

The article goes on to say that scientific research to measure benefits is young, but here are some of the things they've learned so far:

- Compassion makes us feel good: Compassionate action (e.g., giving to charity) activates pleasure circuits in the brain, and compassion training programs, even very brief ones, strengthen brain circuits for pleasure and reward and lead to lasting increases in self-reported happiness.
- Being compassionate—tuning in to other people in a kind and loving manner—can reduce risk of heart disease by boosting the positive effects of the Vagus Nerve, which helps to slow our heart rate.
- One compassion training program has found that it makes people more resilient to stress; it lowers stress hormones in the blood and saliva and strengthens the immune response.
- Compassion helps make caring parents: Brain scans show that when people experience compassion, their brains activate in neural systems known to support parental nurturance and other caregiving behaviors.
- Compassion helps make better spouses: Compassionate people are more optimistic and supportive when communicating with others.[11]

Obviously, compassion not only has benefits for you, as an individual, but also for your personal and professional development. I believe compassion is an enabler. Doing good and being able to relate to people in a better way makes you a more effective communicator, collaborator, and leader, and it breeds respect. And more than anything, it stimulates you to take action for the greater good.

My aunt, a spirited and dynamic woman who loves movies and music, was recently diagnosed with dementia/Alzheimer's disease. I was sad and felt helpless. My compassion led me to search for information about the disease so I could understand what was happening to her physiologically. More importantly, I wanted to share the knowledge with my mom so we could both learn how to help her maintain (for as long as possible) quality of life, communications, and independence, with her safety as a priority.

Compassion runs deep at Princess House and is part of our DNA. The philanthropic work of our owners, Ray and Michael Chambers, is fueled by their compassion for the underserved and their passion for solving difficult problems at the global level. This is demonstrated by the efforts of The MCJ Amelior Foundation, which their family founded to support the revitalization of Newark, NJ, and which supports over

250 non-profit organizations and causes. Through Ray's personal philanthropy, as well as in his role as the United Nations Secretary-General's Special Envoy for Health in Agenda 2030 and for Malaria, he has set ambitious goals and milestones and developed strategies and roadmaps to achieve these goals. As the UN Special Envoy, he is "tasked with catalyzing efforts and commitments required for the successful implementation of the health-related goals in Agenda 2030, which includes ending the epidemics of AIDS, TB, and malaria…"[12] Thanks to his tireless efforts and innovative approaches, the lives of millions around the world have been saved from these deadly diseases.

An article in *Direct Selling News* in September 2011 described how Ray's compassion led him into the direct selling industry. Over twenty years ago, The MCJ Amelior Foundation provided scholarships for 1,000 at-risk teenagers in New Jersey. In the process, Ray got to know the families and noticed that some of the recipients came from homes where the single parent wasn't employed. He helped one parent get the training she needed to get a job, and he watched as, over time, she was able to buy her first home and influence her children in a positive way. When the opportunity to acquire Princess House presented itself, he recognized that it provided a platform to influence many other lives in this way, providing income-earning opportunities to those with limited economic options. "Ray strongly supports the creation of economic opportunities," the article said, "both through business and through philanthropy. In fact, he thinks the two have great synergy, and he encourages direct-selling executives to seek out opportunities to help those less fortunate."[13]

And he's right; we do have the tools at Princess House that allow us to help those who are less fortunate, and we take seriously our responsibility to do just that. Compassion is, indeed, in our DNA. I have heard many stories of leaders who have found women in distressed situations, and their compassion kicks in to use the tools of our business to say, "I could give you money; but wouldn't it be better if I can give you a tool that helps you make a better life for yourself and your family?" It goes back to that proverb, "Give a man a fish, and you feed him for a day. Teach a man to fish, and you feed him for a lifetime."

Just as that proverb points out, I believe there must be a balance between compassion and charity, because there is a time when charity is not the right thing to give. Sometimes ongoing charity becomes an enabler for inaction, and it can prevent accountability. I believe you have to have a level of understanding before you make those decisions. Compassion can certainly stimulate you to donate to a charity or to an individual, but it can also be blinding, like any other emotion. You must be able to recognize the good that comes out of that emotion and weigh any action you feel compelled to take. Sometimes that can be very difficult, like when you're walking on the streets of Manilla, New York, or even Hawaii, where there is a *large* homeless population[14]. Most of the time we have empathy for the homeless, but we don't have enough understanding to have compassion. When you don't understand what brought them to that particular moment in time and to that state of homelessness, you don't know what action to take. Do you try to feed as many as you can? Do you work with your city to try to alleviate homelessness? Do you seek to help one person? Or do you, like most people, walk away with a deep sense of empathy but do nothing because you don't know what to do? When compassion kicks in, we seek to have understanding that will help us know what action to take.

There may be times, as well, when fear keeps us from acting on our compassion. I think that often relates back to not having enough understanding, but it could also be that we are afraid we may offend someone if we offer to help. Or we may fear that we are not taking the right action. I believe when we seek to understand more, we will discover the answers we seek and be able to overcome any fear we may have.

Have there been times when you have had compassion but were afraid to step out and take action? Were you able to move past your fear? Did you seek to understand more about the person's circumstances so you could help?

Compassion at Princess House has many faces, and they all involve enabling those who have challenges and helping in any way we can. For well over twenty-five years, Princess House has been a corporate sponsor and supporter of the local United Way chapter. Through fund-raisers and employee donations, we've given millions of dollars to individual non-profit organizations in our backyard. Over the past few years, in particular, we have participated in many giving programs, both self-sponsored and in collaboration with larger organizations. One example is our participation in the Today Show Toy Drive, which really is more than a toy drive; it's a drive to garner funds and/or in-kind donations for organizations that support various needs throughout the US. Through this type of collaboration, our products, volunteer services, and funds have helped organizations like

Operation Homefront in San Antonio, Texas, which supports military families, and A Place Called Home in South Central Los Angeles, which keeps kids out of gangs and off the streets through enrichment programs like the farm-to-table activities of planting, cooking, and eating at the table together. For the past two years, we've also created exclusive products, where a portion of sales proceeds are earmarked for the National Breast Cancer Foundation. From the Boys and Girls Club chapters around the country to fire stations, we've reached into the grassroots of communities to positively impact lives. (Think about it: firemen live at the fire station for days at a time, and you'd be surprised how desperately they need good cookware big enough to cook for a crowd. We can do quality, and no one does *big* quality cookware like we do.)

And here's an additional benefit in all of that: In many instances, we're able to connect our independent women entrepreneurs and members of our sales force to those organizations. In fact, one of our top leaders in Phoenix once said, "I recall when I first came to this country with my two children and could barely make ends meet. I walked in to Helping Hands, and someone said, 'They give gifts to your kids for the holidays!' I couldn't believe it!'" After Princess House delivered pallets of children's products there a few winters ago, where she proudly helped me present the giant check to the Arizona Helping Hands director, she came back a week later with her girls and sales team to help unpack the products and put together gifts for the foster kids and the families. It's those kind of connections—the ones that leave a lasting impact—that we hope to make.

In those moments when compassion moves something in us, the goodness that comes from it is what makes a difference in your business and in becoming your better self. Compassion is what stimulates you to give back to your world. And if science proves itself correctly, then perhaps giving back in a moment of compassion can help improve your health, your personal well-being, and your balance. The Greater Good website even points out that "Brain scans during loving-kindness meditation, which directs compassion toward suffering, suggest that, on average, compassionate people's minds wander less about what has gone wrong in their lives, or might go wrong in the future; as a result, they're happier."[15] Compassion, then, plays a part in creating even your own happiness and inner peace. And isn't that a karma-like manner of giving and receiving?

How could exercising more compassion benefit you in your life and the achievement of your goals? You might strengthen your compassion skills by:

- understanding that compassion is a critical factor in helping you expand your thinking, overcome fear, grow, and make a better life for yourself and your family; and
- determining to exercise compassion daily by acting on the urge to help someone and being thoughtful about what actions you should take.

Compassion Profile

Estela Valdez
Stockton, California

Do you turn compassion into action?

ESTELA VALDEZ HAS been there.

"I know what it is to have bills and not have enough money to cover them," she said. "So when I started to do well financially, I decided to share my good fortune with the community."

Estela found success as an entrepreneur through direct selling. As she built a team and her income grew, she turned her attention to those who had nothing and were living on the street.

It started one year during the holidays. Estela bought blankets and other supplies, and then she invited her family and her team to come to her house and cook meals. Then they all went together to deliver the food and blankets to the homeless people sheltering under the bridges in her California community.

"The weather here is not as difficult as it is in other parts of the country," she said, "but it hurts my heart to see homeless people go hungry and cold."

Now Estela and her team find the time and resources to help the homeless in their community every year during the holiday season. Over time, they've been able to organize better and help more people every year.

"We all want to help those in need, but you can't give what you don't have," Estela said. "That's why my business means so much to me. I have the power to give."

What are you doing to share your compassion?

Do you have time, talents, or resources you could be sharing?

Conclusion

THE FEAR I felt as his hand reached for my mother's neck was palpable. We were trapped in an elevator—my mother, my little brother, and I—with a thief who was bent on yanking my mother's twenty-four-carat-gold necklace from around her neck, and who knows what else. My fear quickly morphed into anger and defense, and I lit into him, kicking, screaming, punching, and pushing with everything I had. He put his hand on my face and shoved me back, but that didn't deter me. What seemed like an eternity later, the elevator door opened and he escaped. Thankfully, though we were all shaken, we were unharmed.

I was eighteen years old, and I will never forget that fear. Since then, there have been two other incidents that have prompted that same kind of fear, and both times I responded in the same manner. I believe those incidents have helped shape who I am today. I think if I had not harnessed my fear and taken action in all three instances, I may have allowed fear to creep in and grow and become more of a constant in my life. Yes, I'm very careful now when I get into an elevator with just one other person, and I'm very mindful of my surroundings and prepared for any danger when I'm walking alone in any place that is mostly deserted, especially at night. And I would say those particular experiences have made me better at adapting throughout my professional development as opportunities brought me to cities like Manilla, México City, Caracas, and Kuala Lumpur, where I usually traveled by myself. But more than that, my response of quickly harnessing that fear and turning it into action has shown me that I have the ability to conquer other fears that come when I'm faced with the harsh obstacles and circumstances of life.

I believe fear can be a constant, just like change. For some people, fear is a part of their everyday lives. Maybe you have escaped from a very abusive relationship, or perhaps you've fallen to a serious illness, and you live in fear every day. You may have a fear of snakes or a fear of heights or of public speaking, or even a fear of your past or about your future. But the good news is, your fear does not define who you are! You don't have to allow fear to have a constant hold over you—how you think, how you feel, and what you do. *You have the power to turn fear into action.*

Realizing and owning your fears is one piece of it, but then you must make a decision. We often hear of people who have made the decision to conquer their fear of heights. They go skydiving or bungee jumping—whatever it takes to push through their fear and prove to themselves they can survive it. You manage your fear by managing your thinking and your self-talk, which determines how you see yourself.

This book has been about learning to harness fear and excel, using key principles as tools to help you manage. Living fearlessly is about giving yourself the freedom to be the architect of your own life. Fear often causes you to give away your title and lose your license to do that. I want to encourage you to take it back! It's yours! When you begin to excel in the skills we've talked about in this book, you'll find that you're more empowered to make better decisions, which will enable you to take back the reins and accomplish that goal. *Those who are able to harness fear by battling it with principles that dominate their way of behavior are those who can move forward.*

Empowerment comes from making good decisions with all the best tools you have at your disposal. You won't use every skill I've talked about every day, but there will be moments when you'll know that you've done really well at one of them. There will be other days when you'll know you've missed the mark at attempting to exercise another one. You may have failed simply because you didn't try hard enough or you missed an opportunity to use a tool that was right there in your tool box. But remember, you're not a failure; that failed attempt does not define who you are! Keep working and seeking growth in each of these principles, and you'll soon find that you're moving forward in your journey to live fearlessly.

The principles we've set forth are certainly not the only principles that can help you, but they've served me well. They've also been instrumental in the lives of the successful and colorful women who are engaged in our Princess House business, either as business owners, hostesses, or customers. Throughout this book, you've seen amazing testimonials and read words of wisdom from women who at one point in their life, and maybe on a daily basis, exercised and practiced these principles to realize their personal best. You may remember:

- **Aida Vargas**, whose determination led her to stand her ground and hold out for the *best* results (a longer term growth opportunity), rather than just settling for something *good* (quick cash).

- **Tatiana Cussianovich**, who refused to shortchange her accountability to her team and herself, even though that meant managing her business from another country where she had moved to help support her sister through a serious illness.

- **Araceli Morales-Avila**, whose drive for results empowered her to turn the challenge of moving to a new state, where she knew no one, into an opportunity to grow her business to the second highest level in our company.

- **Lilliam Melgar**, whose passion to help other moms and immigrants like herself find the success they deserve drove her to become the highest-ever income earner in our business.

- **Taysha Mahoney**, whose collaboration skills helped her raise three kids as a single mom, work full-time, and run her own successful direct-selling business, all while completing her associates, bachelors, and master's degrees *and* providing guidance and direction for her team and helping them win.

- **Katie Wilson**, who, recognizing that agility is the key to keeping up with the times, experimented with new techniques and took advantage of new technologies and opportunities and became a star in her own business.

- **Charity Lapp**, whose respect for the chosen lifestyle of her Amish team members—without electricity and with limited phone and internet access—has enabled her and them to reach ever-advancing levels of success.

- **Estela Valdez**, whose compassion led her to share the bounty of her exemplary success with those who have nothing and are living on the streets.

I hope their stories and mine will empower you to overcome your fear and reach a level of success you've never known before. The world today is very different than it was when we were in the planning and early writing stages of this book. Who could have guessed that it would be wrought with even more mounting fear and uncertainty in such a short time? The fear that's happening is real, and if this book can serve as a tool, even in a small way, to help you manage your fear, then I will have accomplished my purpose. Design your own life—live fearlessly!

JOIN THE

8 FEARLESS Values MOVEMENT

Empowerment isn't a gift, it's a choice.

You choose to empower yourself by applying the values that break through fear and start you on your personal journey to the life you choose.

I invite you to travel with me, and with the other powerful women you've met in this book, on a journey to the life you choose. You are not alone—we're all part of a movement! We're here for you, to give you the push and support you need just when you need it.

So what do you do now?

Start by visiting our website, **www.8fearlessvalues.com,** to receive your free *Fearless* bracelet. Wear it with pride every day, and use it to remind yourself of the tools to overcome fear that are right at your fingertips. Tell everyone who notices it (and people WILL notice it!) about our movement, and about the change it's making in your life. You'll soon discover the satisfaction that comes from helping others to break through and live fearlessly.

Start living fearlessly!

Connie Tang

Find me on:

#8FearlessValues

Experience more stories of women like you by connecting and engaging with us at **www.8fearlessvalues.com**. Register at the site to receive your FREE *Fearless* bracelet.

About the Author

BORN IN HONG Kong and raised in Brooklyn, NY, Connie Tang is committed to changing lives for the better and does this daily with genuine care and ongoing encouragement for everyone she meets. As the first woman president and CEO of Princess House, a premier direct-selling company, Tang helps their independent business owners and employees grow personally, enhance their families, and live fearlessly so they can truly prosper. Prior to joining Princess House, Tang held international executive positions in several other successful direct-selling companies, including BeautiControl and JAFRA. In her rise to the top, she has served as an inspiration to many women around the globe and has mentored women in all professional levels, from company founders to corporate executives. She both lives and leads by the eight values highlighted in this book. Fluent in English, Spanish, and Cantonese, Tang was named one of the Top 50 Asian Americans in Business by the Asian American Business Development Center, Inc. and as one of The Most Influential Women in Direct Sales in 2012 and 2014 by Direct Selling News. Under her direction, Princess House was named in 2015 and 2016 as one of the Top 100 Women-Led Businesses in Massachusetts by The Boston Globe and the Commonwealth Institute.

Notes

[1] "America's Top High Schools 2016," *Newsweek*, http://www.newsweek.com/high-schools/americas-top-high-schools-2016 (accessed 12/1/2016).

[2] Roger Connors, Tom Smith, Craig Hickman, *The Oz Principle: Getting Results through Individual and Organizational Accountability* (New York: Penguin Group, 2010), 7.

[3] Ibid, 4.

[4] Information taken from USAID, https://www.usaid.gov/what-we-do/global-health/hiv-and-aids/technical-areas/orphans-and-vulnerable-children-affected-hiv (accessed 2/2/17).

[5] "The Lean Startup Methodology," The Lean Startup, http://theleanstartup.com/principles (accessed 1/23/17).

[6] Deborah Norville, *The Power of Respect: Benefit from the Most Forgotten Element of Success* (Nashville: Nelson, 2009), 18.

[7] Ibid, 189.

[8] "What is Compassion," Greater Good: The Science of a Meaningful Life, http://greatergood.berkeley.edu/topic/compassion/definition (accessed 2/2/17).

[9] Information in this section was taken from "What is Compassion," Greater Good: The Science of a Meaningful Life, http://greatergood.berkeley.edu/topic/compassion/definition (accessed 2/2/17).

[10] "What is Compassion," Greater Good: The Science of a Meaningful Life, http://greatergood.berkeley.edu/topic/compassion/definition (accessed 2/2/17).

[11] Ibid.

[12] Office of the UN Secretary-General's Special Envoy for Health in Agenda 2030 and for Malaria, http://www.healthenvoy.org/about/special-envoy (accessed 2/18/17).

[13] Barbara Seale and John Fleming, "Ray Chambers: In the Business of Benevolence," *Direct Selling News*, September 2011, 35-36.

[14] Steven Rich, "Which states have the highest level of homelessness," The Washington Post, https://www.washingtonpost.com/news/storyline/wp/2014/08/08/which-states-have-the-highest-levels-of-homelessness/?utm_term=.0deaec9ddaa4 (accessed 2/11/17).

[15] "What is Compassion," Greater Good: The Science of a Meaningful Life, http://greatergood.berkeley.edu/topic/compassion/definition (accessed 2/2/17).

VIVIR
Sin Miedo

8 Valores para Cambiar
Vidas y Lograr el Éxito

Connie Tang

Clovercroft Publishing

Índice

Al superar los ocho principios que compartimos en este libro, estarás
equipado para canalizar tu miedo y avanzar directamente hacia el futuro
que te mereces.

Uno de los elementos más importantes en la perseverancia es
la disciplina diaria. Debes estar dispuesto a vencer el miedo que
te impide practicarla y que obliga a conformarte con sólo lo
"suficiente".

La responsabilidad despierta cierto temor y sensación de
vulnerabilidad porque nos hace percatarnos de nuestras
limitaciones, pero puedes vencer estos miedos al entender y
apropiarte de tus responsabilidades.

Debes utilizar tu miedo al fracaso y canalizarlo para que
se convierta en el combustible que aviva tu pasión y tu
perseverancia para alcanzar tus resultados.

Es importante alimentar la pasión y mantenerla viva para
eliminar el miedo a lo desconocido y no perder el ánimo.

Prólogo

Por Tony Jeary

ESTE LIBRO SURGIÓ de una conversación verdaderamente extraordinaria durante una cena.

Connie y yo ya teníamos varios años de conocernos y empezamos a trabajar muy de cerca cuando me pidió que entrenara al equipo ejecutivo de Princess House en su esfuerzo por conseguir algunos objetivos bastante significativos (los cuales lograron alcanzar). Una noche, salimos a cenar Connie y yo, y mientras conversábamos, ella compartió conmigo la historia de su vida. Inmediatamente me di cuenta del poder de sus palabras y Connie se percató de ello en mi expresión.

"¿A qué se debe esa gran sonrisa?", me preguntó.

"Tu historia es muy poderosa. ¿Alguna vez has considerado escribir un libro para compartirla?", le respondí.

Le dije a Connie que cuando la gente escuchara su historia —sobre su llegada a este país como inmigrante, trabajando duro, estudiando y desempeñando un gran esfuerzo para triunfar— se sentirían inspirados. Me conmovió escuchar como Connie había vivido sin miedo y creado la vida que siempre soñó para ella y su familia. Connie había llegado aún más lejos dirigiendo una empresa en una industria que se dedica a transformar vidas.

Connie es una persona que toma acción y en muy poco tiempo, el libro empezó a tomar forma. Siendo autor de más de cuarenta y cinco libros, al igual que entrenador ejecutivo de decenas de presidentes en diversas industrias, le ofrecí mi ayuda, asesoría y apoyo. El resultado es mucho mejor de lo que me imaginé durante esa cena.

Éste no es un libro cualquiera. La estructura es sencilla: ocho capítulos enfocados, cada uno de ellos, en los valores principales que

Connie y las otras mujeres que ella presenta en este libro ponen en práctica todos los días. Estos valores juntos forman un sistema para canalizar el miedo, abrirte paso y lograr el éxito que deseas y mereces.

Disfruta, aprende, inspírate y aplica las recomendaciones de las lecciones de vida que Connie comparte contigo para que te conviertas en ¡la mejor versión de ti mismo!

Tony Jeary —*The RESULTS Guy™* (el hombre de los resultados)

Introducción

ÉSTA ES MI HISTORIA, la historia de una mujer, madre, esposa, hija, inmigrante, minoría y directora ejecutiva. Es la historia de un sinnúmero de mujeres con las que he trabajado alrededor del mundo —la historia eterna— la de cómo vencer el miedo a lo desconocido para poder salir adelante y hacer un impacto. Es una historia extraordinaria que se ha vivido una y otra vez por mujeres audaces que, como tú y yo, se han enfrentado a sus miedos, han caminado hacia lo desconocido, y sin mirar hacia atrás, han abrazado su futuro con valentía. Es la de mujeres que han utilizado el miedo como un peldaño hacia la superación personal; superación que les ha ayudado a encontrar dentro de ellas mismas, los principios que compartimos en este libro. Esta es también la historia de tu trayectoria, mientras te superas para crecer.

El desarrollo personal empieza cuando te armas de conocimiento, de inspiración, de ejemplos y de las herramientas necesarias para vencer y superar los obstáculos y los miedos. Cuando compartimos nuestra trayectoria de superación con los demás, les damos la esperanza que ellos también pueden conquistar sus obstáculos personales, crecer y transformarse durante el proceso. Por eso, en este libro, hemos incluido relatos que ilustran el poder que cada uno de estos valores tiene para alcanzar el éxito. Espero que estas crónicas te ayuden a descubrir el valor que tienes dentro para salir adelante y forjarte tu propio camino.

Este libro también se trata de las miles de mujeres que, durante los últimos 54 años, han tomado una decisión importante: unirse a la gran familia de Princess House para realizarse plenamente como mujeres y dar lo mejor de sí mismas. Y también es la historia de las decenas de miles de mujeres que tomarán esa misma decisión en el futuro —una decisión que cambiará el curso de sus vidas para siempre. En Princess House,

encuentran un hogar, un lugar donde pertenecen —una compañía que
se ha forjado a base de los éxitos de cada una de ellas. Una compañía
cuya declaración de propósito inicia con las palabras: "Nuestro poder es
nuestra gente" y concluye afirmando que: "Nuestro negocio inspira a los
soñadores, recompensa la excelencia y transforma vidas".

El modelo de negocios con el que trabajamos en Princess House
crea una relación de reciprocidad basada en orientación y asesoramiento,
colaboración, trabajo en equipo, y crecimiento mutuo. Sabemos muy
bien que la mejor manera de prosperar como individuos, es ayudando
a aquellas personas que nos rodean. Por eso, recompensamos a nuestra
gente por su gran esfuerzo, dedicación y excelencia. Y también
recompensamos a los que ayudan a inculcar esos valores en los
demás. Sabemos que cuando ellos supervisan y asesoran a otros en su
crecimiento, también crecen; cuando ellos capacitan a otros, aprenden
más. Y cuando pueden lograr éxitos sin tener que renunciar a sus propios
propósitos, crean una situación en la que todos ganan.

Los capítulos en este libro exploran ocho principios que se relacionan
con los ocho valores que aplicamos en Princess House. Estos valores se
personifican en la gente asociada con nuestra empresa, desde la gerencia
ejecutiva hasta los empleados. Cuando me senté con mi equipo a desarrollar
e identificar los valores de Princess House, dijimos: "Esto es lo que somos
y lo que queremos ser, y este es el tipo de personas que queremos atraer.
Nos regimos por estos valores y son los estándares que buscamos para
determinar si las personas son las adecuadas para unirse a nuestra empresa".

Espero que este libro te inspire y te ayude a aplicar estos principios
en tu desarrollo personal. A medida que avances en los capítulos,
evalúate en relación a cada uno de los valores, preguntándote:
"¿*Verdaderamente estoy dando lo mejor de mí misma al poner en práctica este
principio?*". Al final del día, se trata de extraer la esencia de cada uno de
los principios y aplicarlo a tu comportamiento personal.

Los personajes que comparto con ustedes en cada una de las
historias reflejan estos principios de alguna u otra manera. Yo me
identifico con todos los principios y te puedo asegurar que he aplicado
cada uno de ellos en ocasiones específicas de mi vida personal y
profesional. Eso no significa que todo me sale bien siempre, pero me
abren camino y me ayudan a superar los desafíos.

Creo que cuando domines estos ocho principios a través de
compromiso, determinación y práctica, estarás más preparado para
triunfar. Una vez que seas un experto, también serás maestro. Cuando

enseñes, te superarás y alcanzarás un nivel más alto de excelencia y maestría, y es entonces cuando esto formará parte de tu carácter. Las características que te ayudan a ser más emprendedor, son las mismas que se aplican a tu desarrollo personal.

En mi evaluación final, la habilidad más importante que las mujeres aprenden en cualquier trayectoria profesional es cómo canalizar y vencer el miedo para superarse. Ser un exitoso emprendedor o persona de negocios trae consigo mucho temor, y tiene que ver con algo que se repite constantemente en nuestras vidas, ¡el cambio! Hubieron muchos momentos, tanto en mi vida personal como profesional, que sentí mucho miedo. Al recordar, puedo ver que el momento en que decidí superar el miedo en cada capítulo de mi vida, fue el momento en que maduré y cambié.

El nombre de este libro es: *Vivir sin miedo*. Resulta irónico, ya que no pienso que uno pueda eliminar el temor del todo. La verdad es que al canalizar el miedo uno aprende a superarlo. Tienes que tomar al miedo por los cuernos, encarártele y decidir lo qué quieres hacer con él. Sí creo que podemos vivir sin tenerle temor al miedo. Déjame explicar lo que quiero decir compartiendo la primera parte de mi historia:

Nací en Hong Kong y mis padres y yo inmigramos a los Estados Unidos cuando yo tenía diez meses de edad. Crecí en la ciudad de Nueva York, y mi esposo, que también es chino, inmigró a los Estados Unidos de adulto. Cuando me casé, trabajaba como coordinadora para la compañía de cosméticos Lancome y mi esposo era mesero en un restaurante chino.

A fines de 1994, cuando aún éramos recién casados, decidimos visitar al primo de mi marido en Plano, Texas. Su primo nos había llamado, diciendo: "Deberían dejar Nueva York y venirse a Texas. Las casas son más baratas. Nunca falta dónde estacionarse. No hay tráfico. Vengan". A mí nunca se me habría ocurrido abandonar Nueva York. Ahí fue donde crecí y ahí estaba mi familia. Finalmente decidimos visitar Texas. Plano es un suburbio de Dallas, y nos encantó cómo todo parecía nuevo, a comparación de Nueva York. También nos enamoramos del costo de vida, desde el costo de la vivienda hasta el costo de la comida. Casi todo era más barato que en Nueva York.

Una noche, de regreso en Nueva York, mi marido y yo estábamos acostados, despiertos sobre el piso de madera (no nos alcanzaba para comprar una cama), y mi esposo me preguntó: "¿Qué opinas acerca de mudarnos a Texas?". Yo le respondí: "Pues, creo que sería bueno. Me refiero a que todo es más barato y probablemente podríamos ahorrar lo suficiente para comprarnos una casa". Y luego le dije: "¿Qué es lo peor que nos podría pasar? Si no nos gusta, podemos regresar o podemos irnos a otro lugar". (Usé una frase china que se traduce: "Tenemos brazos, tenemos piernas: tenemos todas nuestras facultades".)

Con esperanza y cierto temor decidimos irnos. Renunciamos a nuestros empleos y vendimos mi auto, quedándonos con el pequeño Toyota Celica. Su primo, que estaba soltero, acababa de construir una casa y nos dijo que podíamos vivir con él hasta que lográramos establecernos. Enviamos lo poco que teníamos en nuestro pequeño departamento de 500 pies cuadrados (una televisión, un sofá y nuestra ropa), cargamos nuestras maletas y plantas en el Toyota Celica y nos fuimos. Luego de un día de estar conduciendo, nuestro carro se descompuso en medio de un pequeño poblado en Virginia. Acabamos quedándonos tres días en un hotel, gastando dinero que no teníamos y esperando que llegara un repuesto para el auto. Una vez que se completó la reparación del auto, partimos y finalmente llegamos a Texas.

Sin que me diera cuenta en aquel entonces, ése fue un momento de gran avance para mí. Nos dirigíamos hacia lo desconocido, y en muchos momentos, atemorizados. No teníamos trabajo en Texas y mi esposo apenas hablaba inglés. (Trabajaba en un restaurante chino en *Chinatown*; por lo tanto, no necesitaba dominar el idioma.) Sólo teníamos el poco dinero que habíamos recibido de la venta de mi auto, y tuvimos que usarlo casi todo para enviar nuestras pertenencias. Le pedimos $2,000 prestados a mi cuñado que vivía en Taiwán y ese era todo el capital con el que contábamos para empezar de nuevo. Si, ¡estábamos aterrorizados!

Antes de abandonar Nueva York mi madre me dijo: "Consigan empleo en el momento que lleguen, ¡aunque tengan que trabajar en un supermercado!". Pero cuando llegamos a Texas el sabio de mi marido opinó lo contrario. Dijo: "Escucha, hemos hecho un cambio muy grande. No tomes la primera oferta que te llegue. Date tiempo de encontrar algo bueno". Ni siquiera sabía lo que significaba "algo bueno". No conocía a nadie y su primo era ingeniero en sistemas, así es que la poca gente que él conocía no nos podía ayudar. Lo primero que hice fue ingresar a una agencia de empleo temporal para poder trabajar al mismo tiempo que seguía haciendo entrevistas y así es como aprendí, por mi cuenta, a crear una red de contactos. Rechacé todas las ofertas que me hicieron durante los primeros seis meses. A pesar de que parecían muy interesantes, no se sentían como "algo bueno" donde yo podría dar lo mejor de mí y hacer lo que me encantaba hacer, que era crear, construir y crecer. Con el tiempo acepté un trabajo de gerente de capacitación y desarrollo en BeautiControl, y mi marido encontró un empleo de gerente en Machu Wok, un restaurante de comida rápida en un centro comercial.

Ése fue el principio de nuestra gran travesía. Vivíamos al día y hubo varios momentos en que tuvimos miedo —podríamos haber sucumbido a ese temor y haber tomado decisiones impulsivas que nos dieran resultados a corto plazo. Pero enfrentábamos cada momento sin dejarnos intimidar por el miedo. Desde entonces, he obtenido diversos logros en mi vida profesional y honestamente puedo decir, que casi cada uno de ellos ha traído consigo cierto nivel de temor que he tenido que superar. Espero que mi historia y las enseñanzas verdaderas de los principios que comparto en este libro te preparen para hacer lo mismo —afrontando tu miedo para caminar hacia el futuro que te mereces.

Mientras mi equipo y yo proponíamos ideas de cómo presentar los ocho principios en este libro, decidimos dividirlo en tres partes —Dentro (de mí), Fuera (de mí y los demás) y Alrededor (de mí y el mundo)— porque pensamos que esos son los campos donde estos ocho principios aplican. Incluimos los principios de Perseverancia, Responsabilidad, Orientación a los Resultados y Pasión en la primera parte: Dentro (de mí), porque se aplican a los que buscamos dentro de nosotros mismos, aquello que nos impulsa al cambio. Son las habilidades internas que necesitas dominar para realizar tus sueños para ser mejor de lo que eras antes de abrir este libro. Creo firmemente que la responsabilidad personal es muy importante, y empieza contigo mismo. Cuando comprendes de lo que eres responsable y lo que puedes hacer y aprender para mejorar, entiendes a profundidad el papel que juegas al diseñar tu vida y crear tu futuro.

Incluimos los principios de Colaboración y Agilidad en la segunda parte: Fuera (de mí y los demás). Creo que si quieres ser exitoso como emprendedor o en cualquier tarea que te propongas, tienes que entender el papel que desempeñas ante los demás. Es importante que comprendas la dinámica cambiante de tus interacciones, cómo te relacionas y reaccionas ante la gente y cómo colaboras con los demás. En general estos son los factores que te ayudarán o, por el contrario, te impedirán alcanzar el éxito. En Princess House no puedes triunfar por ti solo. Puede que logres construir un negocio sólido únicamente a través de las ventas, pero tendrás que interactuar con tus clientes y a veces, con el personal de servicio al cliente en las oficinas corporativas.

Los principios de Respeto y Compasión se encuentran en la tercera parte: Alrededor (de mí y el mundo). Ahora más que nunca, jugamos un gran papel en el mundo. Lo que haces es importante, y lo que nosotros hacemos en el mundo de las ventas directas es importante. La huella que dejamos en nuestros clientes y consultores no sólo transforma vidas para siempre, sino que también crea lo que llamo: "el eco que resuena por generaciones venideras".

Déjenme darles un buen ejemplo. Obviamente, lo que hago como directora ejecutiva de Princess House es importante en los círculos donde yo me desenvuelvo en mi vida y en mi negocio. Tiene repercusión sobre nuestros clientes al igual que nuestros empleados y sus familias. Afecta nuestras finanzas, el lugar donde vivimos, la comida que comemos, la ropa que usamos, las vacaciones que tomamos y las actividades extracurriculares en las que pueden participar nuestros hijos. Yo creo que va más allá de eso. Trabajamos con mujeres de todos los estratos sociales y algunas no se sienten con el poder necesario dadas las circunstancias de sus vidas. Su educación puede ser limitada, o es posible que provengan de un entorno cultural donde las mujeres no son realmente valoradas. Cuando no se te ha dado la oportunidad de saber que tienes derechos, poder, libertad y hasta una voz, es probable que eduques a tus hijos a creer que ellos también tienen las mismas limitaciones, por lo tanto, esa sensación de impotencia se pasa de generación en generación. He visto estas situaciones en muchos lugares del mundo, desde México hasta Malasia, desde la India hasta Costa Rica y aun aquí en Estados Unidos. ¿Te imaginas que cambio de vida tan impactante puede tener una mujer cuando empieza a aprender y a crecer y, que por su propia energía, convicción y determinación, construye un negocio y triunfa? Imagínate la transformación cultural y el cambio de mentalidad y de percepción que ella ha generado, y que yo creo que tendrá ramificaciones que abarcarán generaciones. Imagínate cómo crecerán sus hijos y quiénes llegarán a ser al observar y beneficiarse del impacto que ha creado su madre. Uno no sabe el verdadero impacto que cada uno de nosotros podemos tener en el mundo.

Espero que al leer los principios y las historias que comparto en este libro surgirá en ti un profundo deseo de decir: "*¡Yo puedo superar el miedo a mis circunstancias! ¡Yo puedo fortalecer estos ocho valores en mi vida y hacer una diferencia, tanto en mi mundo personal como en el mundo que me rodea!*". Y espero que a lo largo del camino puedas superar el temor al miedo y logres ser la mejor versión de ti misma.

Primera parte

Dentro
(de mí)

Valores que son catalizadores internos del cambio:

Perseverancia
Responsabilidad
Orientación a los Resultados
Pasión

Perseverancia

"El fracaso nunca me superará si mi determinación
para triunfar es lo suficientemente fuerte".

—Og Mandino

"PERSEVERANCIA ES HACER lo que se debe hacer, aun sin tener el deseo de hacerlo". Esta cita, de autor desconocido, describe mi filosofía de vida a la perfección. De los ocho principios a los que me refiero en este libro, la perseverancia es el que más me ha impulsado —y te impulsará a ti también— a llegar muy lejos. De hecho, es el principio que da vida a los demás. La perseverancia es lo único que te mantendrá avanzando cuando enfrentes obstáculos en tu vida y quieras darte por vencido. El impulso para continuar aun cuando no sientas las ganas de hacerlo, es lo único que te llevará a lograr las metas que has soñado alcanzar.

Un elemento esencial en la perseverancia es la disciplina diaria. Esto se logra desarrollando y practicando buenos hábitos todos los días que te permiten ser más eficiente y productivo. La disciplina cotidiana se puede aplicar para sobresalir en alguna actividad, para dominar una nueva habilidad o para afrontar algún proyecto; e involucra no sólo el proceso de pensamiento, sino también entrar en acción.

Les voy a dar un ejemplo: cuando yo estudiaba en la secundaria, empecé a tocar el saxofón para una banda de jazz y para la banda regular, ¡y me encantó! No sólo quería ser muy buena tocando el saxofón, quería dominar el instrumento y ¡ser espectacular! Sabía que eso significaría practicar todos los días, sin excusa alguna. Me dieron permiso de llevarme al saxofón a casa los fines de semana para practicar.

En ese entonces, estaba tocando el saxofón tenor, que debe haber pesado por lo menos diez libras con todo y estuche, ¡y a los 12 años yo medía alrededor de 4'6"! Créanme cuando les digo que se necesitaba mucha disciplina para cargarlo de la escuela a mi casa todos los fines de semana, especialmente en la lluvia, la nieve, el hielo y el frío de Nueva York. Nadie me pidió que lo hiciera. Me pude haber saltado el fin de semana, o me lo pude haber llevado a casa y no haber practicado. Hubiera sido tan fácil rendirme o darme por satisfecha con tocar "suficientemente bien". Pero toda esa disciplina me brindó la oportunidad de participar con la *Brooklyn Borough-Wide Band* y tocar en Carnegie Hall. Y eso fue lo que me abrió las puertas para ser aceptada en la preparatoria enfocada en las artes: *New York High School of Performing Arts,* en la carrera de Instrumentista. (Hablaremos de eso más adelante). Con sólo hacerlo "suficientemente bien" no lo hubiera logrado. ¡La perseverancia y la disciplina son muy importantes!

Aquí les muestro otro ejemplo. Durante uno de mis cargos profesionales anteriores, tuve la responsabilidad de supervisar el desarrollo de productos para mercados mundiales pero no estaba satisfecha con sólo saber si el producto era el adecuado para el mercado. Esto significaba que tendría que entender el entorno competitivo, los beneficios y los atributos del producto, y averiguar de qué manera este producto beneficiaría al consumidor y a la compañía. Me interesaba conocer, en detalle, las propiedades de cada una de las fórmulas, los ingredientes que contenían y la manera en que se evaluaban. Para mí, se trataba de aprender más para poder contribuir a las conversaciones de Investigación y Desarrollo, y participar con los ministerios de salud de cada país para obtener aprobación gubernamental para nuestros productos. Me interesaba aprender lo más posible porque además era responsable de crear los materiales de capacitación y de entrenar a los consultores y a los instructores empresariales en cada país. Me pude haber conformado con saber lo suficiente, pero yo quería saber más. Quería estar preparada. ¿Y tú? ¿Puedes pensar en los momentos cuando la disciplina tuvo resultados positivos para ti y llegaste mejor preparado a una junta, o tomaste una decisión crucial, o avanzaste a un nivel superior?

La disciplina se refiere a estar preparado para lo desconocido y lo inesperado, lo cual se vincula al miedo. Mucha gente tiene miedo que le pregunten algo que no puede responder. Pero si has practicado la disciplina diaria de continuamente aprender más sobre cosas que no te son familiares, entonces estarás preparado para contestar más preguntas, y seguramente aprenderás a encontrar todas las respuestas que no tienes en el momento. Esto no quiere decir que tienes que ser un experto o saberlo todo. Lo que quiere decir es que entre más te prepares, menos miedo tendrás a lo desconocido y al "qué pasaría si…".

El miedo puede ser un impedimento enorme para la práctica diaria de la disciplina y para no conformarnos con lo estrictamente necesario. Debes estar dispuesto a hacer algo para vencer el miedo. Por ejemplo, si te encuentras sentado en un salón rodeado de expertos, podrías pensar que hacer una pregunta "tonta" te haría parecer incompetente, pero esto es un obstáculo que bloqueará la oportunidad de aprender más. A veces te conformas con lo suficiente porque te has convencido que eso es suficiente. ¿Puedes recordar algunas ocasiones donde el estar un poco más informado te hubiera beneficiado?

Es importante practicar la disciplina. Yo lo hago todos los días. Trabajo dentro de un ambiente muy particular donde debo viajar mucho, y mi familia ha decidido vivir en la costa oeste del país, mientras que la sede de mi empresa se encuentra en la costa este. Por lo tanto, he decidido acoplarme al horario de trabajo de la costa este. Tengo las reuniones de trabajo con mi personal a las ocho de la mañana, hora del este (EST), lo que significa que son las cinco de la mañana en el oeste (PST). Todas las mañanas me visto para trabajar, me arreglo el cabello y me pongo maquillaje, antes de las cinco de la mañana. Sería fácil decir: "estoy cansada, es demasiado temprano" o "voy a programar mis reuniones para más tarde". Pero no lo hago, porque conozco la importancia de la disciplina diaria. Cuando hayas tomado la decisión de ser disciplinado en tu desarrollo personal, de ser un buen ejemplo para otros, y entregarte a ti mismo, entonces podrás extenderte y corresponderle a tu familia y a tu entorno. Una vez que hayas ejercitado esos músculos de la disciplina, no te dolerá tanto cuando los estires un poco más al extenderte hacia los demás.

¿Alguna vez te han asignado un nuevo papel o tarea, o te han promovido a un puesto con el que no estás familiarizado? Practicando la disciplina al tiempo que empleas tu fortaleza y perseverancia para vencer el miedo a lo desconocido, y descifrando lo que no sabes y aprendiéndolo, podrás realizar mejor tu trabajo. Tu voz tendrá más influencia cuando contribuyas a las conversaciones y participes en la toma de decisiones. Lograrás un mayor impacto. Y por último, el producto o servicio que estés ofreciendo será de mejor calidad y mucho más efectivo, además de que tendrá un resultado más positivo y más duradero. Todo empieza contigo.

Francamente, a veces, tenemos que aprender cosas que, en el momento, parecen no tener valor alguno para nosotros. Cuando estaba en la escuela, odiaba las ciencias y las matemáticas, sin embargo, la ironía es que acabé matriculándome en una escuela preparatoria que se especializa en ciencias y matemáticas. En Nueva York existen tres escuelas como ésta y si pasas el examen, puedes matricularte en esta escuela en vez de asistir a la que te toca de acuerdo a tu código postal. Nosotros vivíamos en un área muy pobre y mis padres verdaderamente querían que yo asistiera a *Stuyvesant High School* en Manhattan, que ofrecía un programa académico especializado en ciencias y matemáticas. *Stuyvesant* no sólo ofrecía excelencia académica, sino que de las tres escuelas era la más difícil de ingresar. Claro que también ofrecía gran prestigio, porque *Stuyvesant* era considerada como la escuela preparatoria pública número uno en Nueva York. Es más, hoy en día esta escuela preparatoria pública ocupa el tercer lugar a nivel nacional, incluyendo las escuelas privadas.[1] Todos los estudiantes que vivían en Nueva York con destino a la escuela preparatoria tenían oportunidad de tomar el examen de ingreso, y había miles de estudiantes tratando de ocupar los escasos 200 cupos disponibles en aquel entonces. Logré ingresar a *Stuyvesant*, pero tuve que trabajar muy duro, con persistencia y tenacidad, en los ejercicios de ciencias y matemáticas, ¡y en muchas otras materias!

Para prepararme para el examen de ingreso estudié mucho y tomé varios exámenes de práctica con algunos de mis amigos de la secundaria. De toda la escuela, solamente cuatro fuimos aceptados. Pero también me gustaban las artes escénicas, así es que también me presenté en la escuela preparatoria de artes escénicas (*High School of Performing Arts*). Y de toda la secundaria, yo fui la única aceptada en esa escuela especializada. ¿Te acuerdas de la versión original de la película *Fame*? ¡Mi audición para ingresar fue muy parecida! Me aceptaron en las áreas de drama, voz e instrumental. Atribuyo este éxito a mi perseverancia y disciplina practicando el saxofón. En lugar de tomar clases de drama, practiqué monólogos con libros de la biblioteca. El canto era mi pasión, pero nunca tomé clases formales. Lo que hacía era grabarme en un casete, escucharlo y criticarme. Después corregía lo que no me sonaba bien y practicaba una y otra vez. No sabía lo que no sabía, pero sabía que podía aprender; sabía que podía tratar de mejorar cada vez más. Quería estar lo más preparada posible.

Yo realmente deseaba ir a la preparatoria de artes escénicas, pero mis padres me mandaron a *Stuyvesant* para aprender ciencias y matemáticas. Fue una elección más práctica. Aun así, estaba determinada en buscar la manera de hacer las cosas que a mí me gustaban así es que canté en dos coros, uno de música religiosa y otro de música renacentista y participé en todos los musicales, todo ello ¡mientras asistía a la preparatoria pública con el programa académico más exigente en la ciudad! Me rehusaba a conformarme con menos.

Pienso que el conformismo es el enemigo de la perseverancia. Conformarse significa resignarse y aceptar las circunstancias a pesar de estar insatisfecho. No tiene nada de malo ser feliz con lo que uno tiene, como tampoco tiene nada de malo estar contento o ser agradecido. Por eso, cuando digo: "no te conformes" por favor no pienses que quiero que seas odioso o materialista. Conformarse, para mí indica que, en tu corazón, sientes que debes ceder y a veces hasta darte por vencido.

Por ejemplo, puede que tengas un trabajo que no te hace feliz, pero te paga las cuentas. No te sientes motivado emocionalmente. No te estás desarrollando ni recibes la orientación o el asesoramiento que sientes necesitar. O lo que es aún peor, sientes que estás en un ambiente tóxico donde no eres respetado, y donde tus talentos y fortalezas no se toman en cuenta. Asimismo, puedes encontrarte dentro de un entorno donde no existe la colaboración entre tu equipo y todos sólo piensan en sí mismos. Pero permaneces en este lugar porque crees: "Esto es lo mejor que puedo hacer. Éste es un buen trabajo en una buena compañía y, además, se ve muy bien en mi currículum". Tener un buen trabajo en una empresa de renombre está bien, pero te has conformado. Yo he trabajado con mujeres que han aceptado eso y han dicho: "Ésta es mi vida; más vale que la acepte. Así es la vida". En muchos casos, no es así. Y haberte topado con obstáculos no significa que sea el final.

Se requiere de gran fortaleza interna para no tener miedo a querer más. Querer más no necesariamente se traduce en cosas materiales, aunque esto es lo que piensa la mayoría de la gente. Querer más puede representar mejor calidad de vida o más espacio para crecer y progresar. Querer más puede indicar que ha llegado el momento de ayudar a otros. Así es que el concepto de "más" debe ser definido claramente para cada individuo. Conformarse es resignarse a una situación, a una circunstancia, o a un estado emocional o mental que conlleva a ceder y, tristemente, a darse por vencido.

El gran atleta olímpico de fama internacional Jesse Owens dijo: "Todos tenemos sueños. Pero para poder hacer esos sueños realidad se necesita mucha perseverancia, dedicación, autodisciplina y esfuerzo". Dentro del equipo de venta de Princess House, se encuentran grandes soñadores que exhiben justamente este tipo de perseverancia para hacer sus sueños realidad. Recientemente leí un mensaje en la página Facebook de nuestra compañía escrito por Jennifer Arrington, una nueva Consultora que vive en Florida. Jennifer acababa de unirse a la empresa, y su reclutadora y líder compartieron el reto nacional que yo propuse durante nuestra Convención Nacional: "¡Salgamos y construyamos un sólido equipo nacional de 30,000 consultores!". También publicó un video-mensaje que decía: "Quise participar en el reto y sí lo acepté. Confío en mi futuro, y en el de mi negocio". Ella grabó y publicó este video desde el hospital mientras recibía quimioterapia. Me conmovió profundamente y le llamé unos cuantos días después para darle las gracias por su valor y perseverancia. ¡Ésta es una mujer que está determinada a seguir adelante con su vida! Ella quiso empezar su propio negocio y no permitió que el cáncer la detuviera. No creo que su motivación solamente haya surgido por la oportunidad que le brindó Princess House, ¡sino por el hecho de que ella estaba determinada a vivir su vida!

Recientemente me enteré de la historia de otra mujer fuerte, Violeta Solórzano, de Oakland, California, quien ha estado con nosotros durante ocho meses y que está luchando contra el cáncer de seno. A pesar de su enfermedad, ella se ha mantenido activa todos los meses y ¡ha reclutado a cinco personas para desarrollar su negocio! Estas dos mujeres ejemplifican el valor y la perseverancia que se necesita para salir adelante y hacer que los sueños se hagan realidad a pesar del miedo y de la incertidumbre en el camino.

¿Y tú? ¿Estás cultivando la perseverancia para que forme parte integral de tu carácter y de tu vida? Si es así, déjame sugerirte que te comprometas a lo siguiente:

- Comprométete a establecer una disciplina diaria como prioridad en tu vida.
  - Escribe lo que debes practicar una y otra vez para dominarlo.

- No te conformes con "suficiente".
  - Identifica, visualiza, y escribe todo de lo que quieres tener "más".
- Exígete a aprender y crecer.
  - ¿Qué te da miedo hacer o temes que alguien te pueda pedir que hagas? Si es algo que sabes que podría ser positivo para el desarrollo de tu vida personal y profesional, comprométete a aprenderlo y crea un plan de acción con objetivos cuantificables para que puedas lograrlo.
- Ármate de valor para abrirte paso y vencer el miedo. No te conformes. No cedas, y no te des por vencido.

Perfil de Perseverancia

Aída Vargas
Belle Aire, Kansas

¿Tienes la fortaleza para mantenerte firme y aprovechar una oportunidad a largo plazo?

CUANDO AÍDA VARGAS inició su negocio de demostración de productos de venta directa, tenía grandes sueños para el futuro de su familia. Y empezó con un plan sencillo.

Entre lo que estaba ofreciendo, había un hermoso sartén eléctrico de alta calidad, y sabía que al demostrar sus cualidades, la gente se enamoraría de él inmediatamente. Así que apartó una mesa en el bazar de la iglesia local y se puso a cocinar hot cakes.

"Funcionó tal como lo había planeado", ella dijo. "Serví cientos de hot cakes todo el día".

Pero Aída cometió un error de principiante: no se le ocurrió intercambiar sus hot cakes por información de posibles contactos. Por lo tanto, al final del día, no tenía ningún contacto a quien dar seguimiento.

En ese momento, el caballero que se encontraba operando la mesa a un lado y que la había estado observando durante todo el día, le dijo que tenía interés en comprar el sartén que ella había estado demostrando.

"Él tenía $200 en efectivo", exclamó Aída. "Eso hubiera cubierto mis gastos del día, pero ésa no era la manera que mi líder me había enseñado a hacer negocios".

Entonces Aída le hizo una contraoferta —si él hacía una demostración en su casa invitando a unos cuantos amigos, se podría ganar el sartén gratis. Él titubeó, pero Aída se mantuvo firme. Sabía que su negocio consistía en tener demostraciones. Si hubiera aceptado el dinero rápido, hubiera desperdiciado una oportunidad de crecimiento a largo plazo.

Al siguiente día, llegó a la casa de él para encontrarse con diez de sus invitados en la sala.

"Hice casi $1,000 en ventas ese día", afirmó Aída. ¡También fechó cinco demostraciones —y eso significaría mucho más que $200 en ventas a futuro!

¿Qué puedes hacer para mantenerte enfocado en resultados a largo plazo?

¿Puedes actuar con perseverancia, aun cuando las cosas se ponen difíciles?

Capítulo Dos

Responsabilidad

"No soy producto de mis circunstancias, soy producto de mis decisiones".

—Stephen Covey

EN EL LIBRO El principio de Oz: Logrando resultados a través de la responsabilidad personal y organizacional, los autores afirman que: "La fortaleza y habilidad para superar las circunstancias y lograr los resultados que deseas, se encuentra dentro de ti mismo".[2] ¿Tú crees en esto?

Yo sí. Yo creo que la responsabilidad es una actitud que implica que asumirás por completo tus decisiones, acciones y resultados, sean buenos o malos. La victimización es lo opuesto a la responsabilidad. La responsabilidad no significa culpar a otros de tus acciones o de hacerte la víctima, más bien se trata de reconocer que puedes superar tus circunstancias y demostrar que posees las habilidades para lograr los objetivos que te has trazado.

El principio de Oz se basa en lecciones de responsabilidad que aprenden los personajes de la película musical El mago de Oz (*The Wizard of Oz*) durante su aventura en el camino de ladrillos amarillos. En esta famosa película norteamericana de 1939, el personaje de Dorothy es atrapada en un ciclón que la transporta a la tierra encantada de Oz. Durante su travesía siempre está tratando de regresar a casa con su familia. Al final, el mago de Oz le enseña que ella siempre tuvo la habilidad de regresar a casa, simplemente tenía que encontrarla dentro de sí misma.

Siempre me ha encantado esa película; no me imaginaba que sus lecciones en responsabilidad tendrían un impacto tan grande en mi vida. He estudiado, aplicado, practicado y enseñado el principio de Oz por años. Ésta es la manera en que los autores resumen sus lecciones: "[…] desde el principio del viaje, los personajes principales de la historia van aprendiendo gradualmente que ellos mismos poseen en su interior el poder de lograr los resultados que desean. […] Las personas se enganchan con el tema de un viaje que conduce de la ignorancia al conocimiento, del miedo al valor, de la parálisis al poder, de la victimización a la *accountability*, porque todas han hecho este mismo viaje".[3]

¿Alguna vez te han desafiado a asumir la responsabilidad de alguna cosa? A todos nos ha sucedido. ¿Puedes recordar algún momento en el cual has tenido la tentación de culpar a alguien o utilizar pretextos en vez de aceptar tus acciones y sus consecuencias? Vemos únicamente lo que queremos ver y es difícil cambiar. Ojalá que ya hayas empezado o estés por empezar tu jornada hacia el autodescubrimiento para que finalmente te des cuenta del poder de la responsabilidad que existe dentro de ti. El principio de Oz consiste en eliminar culpabilidad y responsabilizarte por vencer los obstáculos y conseguir resultados, sin importar lo difícil que parezca. En otras palabras, se trata de reconocerlo, resolverlo y tomar acción.

Pienso que a veces, el aceptar se puede percibir como debilidad. Siempre me admiro cuando alguien asume la responsabilidad por sus errores como, por ejemplo: al tomar decisiones equivocadas o al faltar a una cita. Es reconfortante cuando conozco al individuo excepcional que dice: "Me equivoqué". No calculé el tiempo adecuadamente y se me pasó la oportunidad".

La responsabilidad empieza contigo, pero afecta a los demás. Tus acciones, sean buenas o malas, tienden a influenciar a todos, incluyéndote. Cuando trabajas en equipo, ser responsable significa que cuando dices que vas a hacer algo, lo haces oportunamente. Tus acciones y tus palabras importan. El equipo puede establecer un calendario de trabajo, objetivos y fechas de entrega, pero si no asumes la responsabilidad del producto final es probable que decepciones a tu equipo y pongas al proyecto en riesgo.

Creo que lo más difícil para un líder es obligar a otros a rendir cuentas. Muchas veces nos sentimos incómodos o avergonzados y no queremos que otros piensen que somos injustos. Una de las cosas más difíciles que hago cuando doy entrenamiento a ejecutivos, incluyendo a mi propio equipo ejecutivo, es ayudarles a descubrir la mejor manera de exigirles a los miembros de sus equipos a rendir cuentas y ser responsables.

En uno de mis puestos anteriores, fui responsable de encabezar las iniciativas de expansión a mercados internacionales. Eso fue muy difícil porque ningún integrante del equipo multidisciplinario de ejecutivos se reportaba a mí. Para empezar, la responsabilidad del lanzamiento puntual en los diferentes países era enorme y para hacer la tarea aún más difícil, yo tenía que confiar en que personas, cuyo desempeño no estaba midiendo, me rindieran cuentas. Esa clase de responsabilidad requiere un mayor nivel de compromiso, como una comunicación abierta, clara y específica acerca del alcance de tu responsabilidad y la de los demás.

¿Te ha fallado la gente incluso después de haberle comunicado claramente tus expectativas? ¿Te fue difícil en ese momento responsabilizarte de la situación para rescatarla? Si te has interesado y responsabilizado verdaderamente del éxito del proyecto, tienes que buscar a esa persona y descubrir donde ocurrió la falla para trabajar con ella y buscar la manera de corregir lo ocurrido. De cualquier forma, tú eres el responsable del proyecto completo, y si vas a responsabilizar a alguien por los errores en su ejecución entonces debes confrontar a esa persona. Para mí, "confrontar" no implica antagonismo. "Confrontar" significa: "acercarse con el fin de entender". Y parte de este entendimiento consiste en establecer cómo se puede completar el proyecto, minimizando el riesgo, aunque ya sea tarde.

Lo primero que haces es averiguar si la persona en verdad se comprometió a la realización del proyecto. No se puede responsabilizar a alguien que no sabe cuál es su responsabilidad. Después investiga si entendió las fechas de entrega. Por último, intenta averiguar por qué no se completó el proyecto. ¿El plazo no era razonable? ¿Faltó seguimiento? ¿O será que esta persona se desentendió por completo o no comprendió la importancia de la función que desempeñaba? Tu objetivo al confrontar también es determinar qué puedes aprender para evitar que esto vuelva a ocurrir.

En una ocasión, la compañía con la que trabajaba en Hong Kong estaba lanzando una importante línea de productos para la pérdida de peso. El evento se había programado, la prensa había sido invitada, los materiales promocionales ya estaban impresos, la campaña promocional se había finalizado, la fuerza de ventas estaba lista, el hotel estaba reservado —y el producto no había llegado. Mi oficina no estaba en

Estados Unidos, estaba en Asia. Resulta que se cometieron una serie
de errores en el proceso y las fechas de entrega del producto. En
resumidas cuentas, no teníamos el producto. Yo tuve que armarme de
valor y decir: "¡Es mi responsabilidad!" Yo era la responsable de lanzar
ese producto en ese país y esa responsabilidad significaba que tenía que
ubicar el producto y averiguar qué cantidad podíamos conseguir y cómo
introducirlo al país a tiempo.

Lograr el cometido exitosamente y conseguir la entrega del
producto final requiere de relaciones colaborativas, productivas e
influyentes con tus socios. Una red de apoyo confiable con la cual
tienes comunicación clara te puede ayudar a facilitar la transparencia y
responsabilidad.

En este caso en particular, la respuesta inmediata fue tratar de
encontrar la causa principal, pero más que nada, tenía que encontrar
la solución. Yo tenía una relación fiable, influyente y confiable con el
vicepresidente de producción. La solución fue que él volara a Hong
Kong desde Dallas, Texas y que personalmente nos llevara el producto.
Aterrizó 27 horas después, ¡en la mañana del evento! Un integrante del
equipo fue por él al aeropuerto, recogió las maletas con el producto y
trajo todo directamente al evento. Luego, el vicepresidente esperó a que
abrieran los centros comerciales para comprase ropa ya que había viajado
sólo con lo que traía puesto.

Cuando compartes la responsabilidad el beneficio es mutuo. Mi
colega claramente sentía la misma responsabilidad y dedicación al
lanzamiento del producto que yo. Los dos trabajamos para lograr la
entrega del producto y ambos celebramos el "triunfo". Pudimos haber
dicho: "Vamos a hacer el lanzamiento sin producto para vender" o
podríamos haber pospuesto o cancelado el evento. Pero entendíamos
que las consecuencias podían ser devastadoras para el equipo de ventas.

Básicamente, se me presentó la oportunidad de reconocerlo,
aceptarlo, resolverlo, y tomar acción. Vi el problema; no lo ocasioné,
pero lo reconocí. No había lugar para lamentarse, sentir culpabilidad
o hacerse la víctima. Me responsabilicé de ello. Y también me
responsabilicé de encontrar una solución.

La responsabilidad trae consigo cierto temor y sensación de
vulnerabilidad ya que nos hace percatarnos de nuestras limitaciones.
Si estás escondiéndote detrás de los pretextos o no estás consciente de
ti mismo, podrías rechazar la crítica constructiva que ofrecen aquellos

que te rodean perdiéndote de oportunidades de desarrollo en las áreas donde más lo necesitas. Muchas veces, cuando te responsabilizas de algo, el miedo dentro de ti te dice que no eres del todo capaz, que no sabes lo suficiente para llevarlo a cabo. O tal vez te das cuenta de que no lo pensaste bien *antes* de comprometerte y ahora te encuentras con sentimientos de miedo y duda. ¿Te ha sucedido eso alguna vez? ¿Puedes pensar en ocasiones en que has sentido ese tipo de miedo o rechazo? ¿Estás abierto a la crítica constructiva o a los comentarios que te ayudan a ser más responsable? ¿O encuentras que tu respuesta inmediata es ponerte a la defensiva?

Puedes vencer estos miedos adquiriendo mayor claridad y definición —entendiendo y apropiándote de tus responsabilidades. La claridad se consigue observando las situaciones y reconociendo tanto tus capacidades como las áreas que necesitas desarrollar. También se trata de eliminar la negatividad, y tal vez un poco de ego.

Y todo ello requiere respeto. Si tú respetas a tus socios, colegas y clientes, entonces cumplirás y harás lo que te propusiste hacer. Es muy difícil esperar que otros sean responsables cuando tú no lo eres. Eso es recíproco.

Mercy Moreno, una de nuestras consultoras líderes quien habló en la Convención Nacional hace algunos años, es un magnífico ejemplo de una persona que estaba adoptando la mentalidad de víctima, pero se percató de ello, se responsabilizó, lo resolvió y tomó acción. Ha estado con nuestra compañía desde hace 41 años y recuerda aquella ocasión cuando no cumplió con los requisitos para el viaje anual de incentivo —una vacación con todos los gastos pagados a un destino paradisiaco con recompensas y experiencias valiosas. Llamó a la compañía defendiendo su caso, suplicando que hicieran una excepción. No era su culpa, decía, las órdenes se cancelaron y no hubo manera de que ella lo supiera. No era justo. Pero al final, se dio cuenta que ella era la responsable de reunir los requisitos necesarios para hacer el viaje y dijo: "¿Saben qué? —me dije a mí misma—, nunca más. Nunca voy a perderme de un viaje por unos cuantos dólares". Aprendió su lección en responsabilidad.

Frecuentemente la responsabilidad llega luego de haber aprendido de nuestros errores y de aplicar lecciones a veces dolorosas a nuestro futuro. Ser responsable requiere de práctica, todos los días. De vez en cuando, todavía me falla la responsabilidad. La clave está en decir: "Tenía la intención de hacerlo. Quise hacerlo. Dije que lo haría. No lo hice". ¿Has tenido que hacer eso en algún momento? Aquí están algunos puntos que puedes considerar si quieres crecer en el área de responsabilidad:

- Controla tus comportamientos y tus resultados (reconocerlo, aceptarlo, resolverlo y tomar acción).
- Toma buenas decisiones (debes saber a lo que te estás comprometiendo) o acepta las decisiones que has tomado, aun cuando no tengas todas las respuestas en el momento.
- Sé responsable contigo mismo.
- Sé responsable con tu equipo (haz lo que dices que vas a hacer y hazlo con puntualidad).
    - Tu equipo es tu familia, tus compañeros de trabajo, tu iglesia, tu asociación escolar de padres o tus amigos —cualquier persona con la que tengas un compromiso.

Ser responsable te da mayor seguridad y tranquilidad en las decisiones que tomas. También hace más clara tu comunicación. En resumen, te vuelve un mejor líder.

Perfil de Responsabilidad

Tatiana Cussianovich
McDonough, Georgia

¿Cómo puedes cumplir con tus compromisos?

ÉSA ES LA pregunta que se hizo Tatiana Cussianovich hace algunos años. Tatiana era una emprendedora que dirigía una gran organización de ventas directas, pero una llamada telefónica cambió su vida para siempre.

Tatiana dijo: "Cuando mi hermana me llamó para decirme que tenía cáncer, decidí dejarlo todo para estar con ella".

Tatiana renunció a todo y se regresó a Perú, su país natal, para estar cerca de su hermana todos los días. La libertad que gozaba gracias a las ventas directas le permitió hacerlo; no tuvo que pedirle permiso a nadie, ni tuvo que esperar una autorización —¡qué ventaja tan extraordinaria le daba su trabajo!

Pero Tatiana se dio cuenta de que no podía faltar al compromiso que tenía con su equipo de ventas y consigo misma, aun cuando su vida había sido alterada profundamente. Tenía un negocio que necesitaba de su atención y gente que dependía de ella.

Tatiana se puso a pensar de manera creativa. Aprovechó al máximo el tiempo que tenía entre citas —haciendo llamadas telefónicas por Internet, enviando correos electrónicos, usando las redes sociales— asegurándose de estar presente con su equipo, como si estuviera en la misma ciudad. Se mantuvo en contacto con sus clientes y organizó demostraciones de producto maratónicas cuando visitaba los Estados Unidos.

"Tenía un compromiso con mi equipo de ventas y conmigo misma y había gente que dependía de mí", dijo. "No los iba a defraudar a ellos ni a mí misma".

¿Estás presente para la gente que cuenta contigo, aun cuando las cosas se ponen difíciles?

¿Intentas buscar soluciones ingeniosas para cumplir con tus responsabilidades?

Orientación a los resultados

"Tuve este sueño, y realmente quería ser una estrella. Y me convertí casi en un monstruo porque no tuve miedo de mis ambiciones".

—Lady Gaga

CUANDO VISITÉ Disney World® junto con 2,000 consultores y sus familias en el 2016 durante el viaje anual de incentivo de Princess House, escuché historias extraordinarias que hablaban sobre la iniciativa y la perseverancia.

En Epcot Center me detuve a tomarle una foto a una de nuestras consultoras, Marisela Caballero, de Perris, California, quien estaba esperando su turno para fotografiarse con el Pato Donald vestido de mexicano. Mientras esperaba a que terminaran para saludarlos, el hombre que estaba esperando con su esposa junto a Marisela y su esposo se apartó de la fila para hablar conmigo, y me dijo: "¡Muchísimas gracias! Marisela nos contó lo que hace su compañía, y nos dijo que usted es la presidenta. Es increíble pensar que ella está aquí, con todos los gastos pagados, gracias a su empresa". En ese momento, Marisela se acercó a decirme que ella solo había sido consultora de Princess House por un año. Yo le respondí: "¡Y te ganaste el viaje!". Ella afirmó: "¡Así es! Fui a la Convención Nacional el año pasado y cuando salí, sentí que tenía alas. Cuando llegué a casa, le dije a mi marido que quería hacer esto y no me creyó". Él me respondió: 'Éstas cosas no funcionan. No sé por qué te estás molestando. Es una pérdida de dinero. Nunca te van a pagar'. Cuando comenzaron a llegar las cajas que contenían los pedidos de mis clientes, mi esposo se empezó a quejar de que ocupaban demasiado espacio en la sala. También se quejó cuando le pedí que me ayudara a

llevar las cajas al auto para una demostración". Luego Marisela añadió:
"Pero poco a poco, todo eso cambió. Mi esposo se empezó a dar cuenta
de que yo estaba ganando dinero, estaba feliz y me sentía más segura
de mí misma. Luego me gané el viaje para dos. Ahora él me pregunta:
'¿Qué quieres que te suba al auto?'.". Después ella expresó: "No tengo
hijos, Connie; sólo somos nosotros dos. Tú has cambiado nuestra
relación y nuestro matrimonio. Hoy nuestra vida es diferente". Ahora
me doy cuenta de que ella se refería a Princess House cuando dijo que
salvé su matrimonio. De cualquier manera, fue maravilloso escucharlo.
Marisela hizo un plan y se empeñó en lograr los resultados que quería.

Ser orientado a los resultados y lograrlos requiere de lo siguiente:

1. Tener claro el objetivo que quieres lograr —tu propósito.
2. Identificar y anotar tus metas. Cuánto más específicas sean,
   mejores serán tus resultados. Como por ejemplo: algo personal
   como mantenerse saludable y en forma, o encontrar a una
   persona con quien formar una familia. También puede ser una
   meta específica de ventas, la cifra total de ventas del equipo o un
   incremento en el porcentaje.
3. Visualizar y expresar los resultados que deseas. Expresar tus metas
   en voz alta y oír tus propias palabras verdaderamente aumenta la
   confianza en ti misma y ¡te ayuda a lograr mejores resultados!
4. Prepararte para hacer lo que sea necesario, tanto interna como
   externamente, para lograr tus objetivos. La preparación y la
   ejecución requieren de paciencia para ser consistentes día con día,
   lo cual te ayuda a no tropezarte, detenerte o darte por vencido
   antes de tiempo.
   - La preparación externa consiste en ampliar tus conocimientos
     aprendiendo todo lo que puedas sobre algún tema o
     aprendiendo nuevas técnicas para lograr tus objetivos. Si estos
     objetivos se relacionan con tu negocio, podrías aprender
     acerca de la industria y su competencia o lo que necesitas
     para desarrollar una sólida cartera de clientes. También
     puede consistir en encontrar socios que colaboren contigo
     o en rodearte de un grupo de apoyo que te aconseje o haga
     comentarios constructivos.
   - Internamente, debes prepararte mentalmente para lo que
     llamo "la rutina". La mayoría de los trabajos requieren tiempo,
     fortaleza mental y resistencia ante los tropiezos y desenlaces

inesperados. Mantenerse abierto y ser receptivo para poder hacer ajustes continuamente es muy importante.

5. Preparar un plan de acción. Una vez que tengas el plan, transfórmalo en un documento vivo que cambia y evoluciona constantemente. Cada vez que aprendes algo nuevo, puedes añadirle más detalles a tu plan. Puedes requerir ajustar tu plan al enfrentarte con un obstáculo. Los cambios y ajustes no demuestran que has fallado o que no has tenido buen juicio. Al contrario, cada paso que tomas te lleva a descubrir algo nuevo, y lo mejor es aplicar esas enseñanzas cada vez que puedas.

¿Sabes cuál es tu propósito y cuáles son tus metas? ¿Has identificado tus objetivos, los has escrito, visualizado y compartido? ¿Te has parado frente al espejo, te has visto a los ojos y declarado qué es lo que quieres y qué es lo que estás dispuesto a hacer para conseguirlo? ¿Te has preparado a hacer lo que sea necesario para alcanzar tus metas? ¿Has desarrollado un plan de acción que cambia y evoluciona constantemente?

Una vez que hayas hecho todo esto, estarás más preparado para conseguir los resultados que deseas.

Hemos tenido la oportunidad de aprender y trabajar con el entrenador estratégico Tony Jeary, y cuando él trabaja con compañías que desean crecer, promueve que la Claridad, el Enfoque y la Ejecución aceleran los resultados. Tomar la decisión de planificar tus acciones y tus calendarios de ejecución te encaminará con más confianza hacia los resultados que tú quieres. Cuando los resultados que has visualizado tienen fechas en un calendario, empiezas con la fecha final y retrocedes para crear tu calendario de ejecución. Y cuando pones todo eso en práctica, se requiere de lo que hablamos en un capítulo anterior: la perseverancia para no desistir. Si la meta que deseas alcanzar es substancial, probablemente habrá momentos en que querrás darte por vencido. Pero toma en cuenta que las metas que valen la pena requieren de mucho tiempo, esfuerzo, agilidad mental, recursos y energía.

Mientras pones tu plan en marcha, debes tomar medidas enormes para que tus metas se realicen. Las medidas enormes no siempre requieren de un capital enorme. Recientemente, comisionamos una encuesta nacional de mujeres Latinas de la generación del milenio (aquellas nacidas entre 1980 y 2000, aproximadamente), para conocer sus opiniones y percepciones respecto a las ventas directas, así como sobre independizarse y desarrollar su propia empresa. Una de las preguntas era: "¿Has considerado tener tu propio negocio?". La gran mayoría respondió "Sí". La siguiente pregunta era: "¿Qué te lo ha impedido?". El motivo principal fue: "No cuento con el capital necesario para empezar un negocio". Ellas asumen que eso es lo que necesitan, pero aquí en Princess House hemos comprobado que esa manera de pensar es muy limitada. Claro que si quieren abrir un restaurante, entonces sí van a necesitar un gran capital. Pero ellas pueden permitir que Princess House sea la forma de ganar dinero y ahorrar para realizar otros sueños, como lo hizo Mercy Moreno (compartí su historia en el Capítulo Dos).

Y tú, ¿qué medidas estás tomando para realizar tus metas? ¿Has empezado a ponerlas en acción y tienes la flexibilidad para cambiar mientras aprendes más?

Permíteme compartir un ejemplo personal: Cuando estaba en la universidad, mi meta era graduarme en tres años o menos, de sobresalir (para mí, eso significaba conseguir el promedio de calificaciones más alto: un GPA de 4.0) y hacerlo sin tener que pedir dinero prestado a nadie, incluyendo a mis padres. Estaba empeñada en conseguir estos resultados.

Sabía que tendría que trabajar y estudiar al mismo tiempo para alcanzar mis objetivos. Tendría que estar decidida y ser disciplinada para obtener las calificaciones que deseaba, además de ganar suficiente dinero. Para lograrlo, tuve que planificar y prepararme mucho. Tuve que acondicionarme mentalmente para los largos días que tendría por delante, y equiparme de gran fortaleza, tanto física como mental, para lograr mis metas.

Cuando llegó el momento de inscribirme en las clases cada semestre, tuve que implementar un calendario muy complicado para maximizar mi tiempo y lograr integrar todos los elementos del trabajo y la escuela. Programé todas mis clases los lunes, miércoles y viernes, empezando a las 7:00 o 7:30 de la mañana y de vez en cuando, asistiendo a clases hasta las 11:15 de la noche. Esto consistía en encontrar las clases adecuadas con el número de créditos necesarios, en los horarios precisos, y asegurarme de llegar a tiempo a todas las clases en los diferentes edificios. Y eso hice, durante tres semestres cada año, sin tomar vacaciones de verano.

Trabajaba los cuatro días que no tomaba clases. La universidad estaba en Brooklyn y trabajaba principalmente en Manhattan. Como tenía que tomar el tren para transportarme de un lugar al otro, no hubiera sido eficiente programar las clases y el trabajo los mismos días. Por lo tanto, no siempre podía aprovechar el tiempo al máximo, ya que el tiempo era la única restricción que no podía controlar. Tuve entre uno, cuatro y hasta seis trabajos, y como los negocios de venta al público están abiertos los siete días de la semana, ésa fue una de mis mejores fuentes de trabajo.

Cuando empecé a estudiar en la universidad, mi meta era acabar lo antes posible, pero con el tiempo afiné mi meta y me dije: "Quiero terminar en tres años". Eso fue lo que hice justamente y terminé mis estudios sin deudas. No obtuve el GPA de 4.0 pero obtuve la distinción de excelencia *cum laude*.

No tengas miedo de ponerte grandes metas con resultados a gran escala. Muchas veces, el miedo a fracasar es lo que nos impide realizar lo que queremos. Confieso que yo tengo que luchar contra el miedo continuamente. No es que tenga miedo a fracasar en sí porque, he aprendido a aceptar el fracaso, aunque no me gusta. También he aprendido que un intento fallido no es un fracaso. Lo que temo es *ser un fracaso*. Y honestamente, ése es el miedo que tengo que desafiar para impulsarme a seguir adelante. Eso no quiere decir que ya no lo tengo, sino que lo utilizo. Lo he recanalizado y ahora es el combustible que aviva mi pasión y perseverancia. ¿Qué es lo que más te asusta y dejas que ese miedo domine tus pensamientos y tus acciones?

Si la orientación a los resultados es algo que quieres desarrollar en tu vida, entonces necesitarás comprometerte a lo siguiente:

- Entiende los resultados que deseas obtener; anótalos, visualízalos y exprésalos, tanto a ti mismo como a otros, con lujo de detalle.
- Lleva a cabo un sistema que te funcione.
  - Prepárate tanto interna como externamente, para equiparte y hacer lo necesario para alcanzar tus metas.
  - Desarrolla un plan de acción creando un documento vivo que cambia y evoluciona constantemente según vayas aprendiendo.
  - Ejecuta con acción incansable para lograr tus objetivos y ajusta tu plan según sea necesario.

Perfil de Orientación a los Resultados

Araceli Morales-Ávila
Farmington, Nuevo Mexico

¿Qué tan enfocado estás en tus metas?

CUANDO ARACELI MORALES se fija un objetivo, no se da por vencida.

Araceli podía ver el potencial de mayor bienestar y de crecimiento en los ingresos en las ventas directas, y sabía que con liderazgo le sacaría mayor provecho a este potencial.

"Me empeñé en ser líder y en no dejar de crecer", dijo. "Avancé al primer nivel de liderazgo en mi primer año".

Pero la vida de Araceli se vio afectada cuando a su marido le ofrecieron el trabajo de sus sueños —a más de mil millas de su casa en Oregón. Eso significaba que tendría que mudarse a una nueva ciudad con su esposo, quien estaría trabajando largas horas, y con dos hijos pequeños en la casa.

"Mi esposo estaba preocupado, pero yo no", afirmó. "Sabía que si me enfocaba y me organizaba, esto podría ser una oportunidad para crecer".

En su nueva comunidad, Araceli empezó a copiar las actividades que ya la habían llevado al éxito: conociendo gente, haciendo demostraciones de producto y desarrollando un equipo. Como su negocio de ventas directas no tiene fronteras o límites territoriales, ella pudo comenzar de nuevo en otro estado, aunque no conocía a nadie. Al mismo tiempo, se mantuvo en contacto, a distancia, con su equipo inicial.

"Estoy enfocada en el resultado final, como cuando empecé", dijo. Y le está dando resultados. Recientemente, Araceli alcanzó el segundo nivel más alto de liderazgo en su compañía, y no piensa detenerse hasta llegar a la cima.

¿Cómo respondes cuando te encuentras con obstáculos?

¿Te motiva enfocarte en tus metas para desarrollar soluciones creativas?

Pasión

"Olvídate de la vía rápida. Si realmente quieres volar,
simplemente aprovecha el poder de tu pasión".

—Oprah Winfrey

¿DÓNDE ESTABAS EL once de septiembre de 2001? Yo estaba en la cuidad de México, tratando de comunicarme con alguien en Nueva York para saber si mi familia estaba bien. ¿Recuerdas el impacto tan grande que te causó ese día? En muchos, inspiró una pasión renovadora de servir a nuestro país y luchar por la libertad que tanto amamos. En otros, hizo resurgir la pasión por nuestra fe y el amor por nuestros seres queridos.

La pasión es una emoción que nace cuando hemos experimentado, leído o escuchado algo intenso, y surge desde lo más profundo de nuestro ser para convertirse en la fuerza impulsora de nuestra vida. Por ejemplo, algunas personas que han sido víctimas de un crimen o tragedia se vuelven defensores apasionados de los derechos de la mujer o contra el maltrato de menores u otras causas filantrópicas. En otros, la pasión que los impulsa surge debido a sus circunstancias de vida como, por ejemplo, después del ataque del 9/11 mi primo renunció a su trabajo en computación para unirse al FBI. Como inmigrante que vive en Estados Unidos y que comenzó su vida en un barrio extremadamente pobre del este de Nueva York, me apasiona superar las circunstancias que la vida me presenta. Creo que en algún momento tuve miedo a quedarme estancada en un solo lugar, y la pasión fue lo que me impulsó hacia adelante.

Me apasiona superar las circunstancias que la vida me presenta.

¿Qué te apasiona? ¿Eres como yo y te apasiona más de una sola cosa? ¿Recuerdas qué situaciones en tu vida te hicieron descubrir esa pasión?

Si lo permitimos, la pasión puede enriquecer y llenar nuestras vidas, y nos puede impulsar también a enriquecer la vida de otros. Mientras leías los capítulos anteriores, posiblemente reconociste que me apasiona la música, especialmente interpretarla. Dentro de la cultura china, no hay mucha libertad para expresar las emociones. Por lo tanto, utilicé la música como medio de expresión. Se despertó en mí una gran pasión por practicar música, por sobresalir, aprender y desarrollar la disciplina. A medida que pasaron los años y comencé mi carrera profesional, la pasión por expresarme, aunada a la pasión por superar las circunstancias que la vida me presentaba, evolucionó hasta convertirse en pasión por ayudar a los demás. Por eso me encanta la industria de las ventas directas, donde el objetivo principal es ayudar a la gente a triunfar.

Esa pasión profunda ha impulsado todo lo que he hecho día tras día, durante los últimos 20 años. Trabajar con gente es gratificante, emocionante, desafiante y diferente cada día, porque cada persona es única. Toda experiencia requiere de habilidades distintas, y con cada interacción adquieres más entendimiento.

¿De qué manera han guiado tu vida tus pasiones? ¿Te han impulsado a enfrentarte a lo desconocido o has sentido la necesidad de capacitarte mientras sigues tus pasiones?

Dale un pescado a un hombre y lo alimentarás durante un día, pero enséñale a pescar y lo alimentarás durante toda su vida.

—Proverbio antiguo

Mi pasión va más allá de simplemente ayudar a los demás — verdaderamente me apasiona posibilitar a las personas, es decir, facilitar a las personas a ayudarse a sí mismas. Pienso que este proverbio antiguo encierra gran sabiduría: "Dale un pescado a un hombre y lo alimentarás durante un día, pero enséñale a pescar y lo alimentarás durante toda su vida". Cuando posibilitas a tus semejantes a ayudarse a sí mismos, les estás pidiendo que se responsabilicen. Pienso que eso es un regalo. Porque una vez que eres responsable, eres menos susceptible a hacerte la víctima o a caer en esa trampa. Por eso estoy tan apasionada con lo que está haciendo la organización *Grameen America*. Ofrecen microcréditos, capacitación y apoyo a mujeres de bajos recursos para que desarrollen negocios pequeños y mejoren su vida y la de su familia. No es limosna. Las mujeres se comprometen a presentarse a las juntas semanales, participar en el entrenamiento y pagar el préstamo con una modesta tasa de interés, que es mucho más baja que la que se ofrece al mercado comercial minorista. *Grameen* no solamente les da a estas mujeres un pescado, sino que les enseña a pescar.

Eso es lo que hace la industria de las ventas directas; les enseña a las personas a pescar ofreciéndoles un medio para realizar sus sueños. No se los damos, ellos se lo ganan. Nosotros les proporcionamos los medios necesarios para que ellos se ayuden a sí mismos.

¿Conlleva desafíos la pasión que tengo por posibilitar a otros para que ellos se ayuden a sí mismos? ¡Claro que sí! Por eso es importante alimentar nuestras pasiones para mantenerlas vivas y no desanimarnos. Si no las aceptamos, reconocemos y revalidamos continuamente, y si no tomamos acción oportunamente, la llama puede perder su intensidad y apagarse con el tiempo. Tenemos que nutrirlas, no sólo internamente con nuestras creencias, sino que también externamente, revisando nuestras metas constantemente. Yo creo que eso tiene que ver con aprendizaje.

El camino de mi vida siempre se dirige hacia el aprendizaje (tú también podrías desear esto para ti): quiero saberlo todo. No sé todo, pero intento saberlo todo. Leo vorazmente libros, revistas, artículos, textos sobre la industria y todo lo relacionado con tendencias del mercado, conductas de consumo, prácticas empresariales, capacitación de personal ejecutivo, entrevistas con líderes y directores generales, y estudios acerca de lo que funciona y lo que no funciona en diferentes compañías. Hoy en día, mucha de esa información se produce en video y se comparte en YouTube, Vimeo o Facebook. Encuentro valor en ver un video que habla del posicionamiento de marcas mundiales, de cómo utilizan conceptos para atraer a consumidores y cómo intentan relacionarse con su audiencia.

Creo en compartir lo que aprendo. Cuando encuentro algo relevante o que tiene gran significado, lo comparto con los miembros de mi equipo —a veces es el equipo ejecutivo que me reporta directamente, o, si se trata de un tema pertinente a un área funcional, lo comparto con ese departamento, como mi equipo de sistemas o de ventas. En Princess House tenemos un sitio intranet que se llama *PH Connects!* En esta ventanilla emergente incluyo contenido que selecciono para compartir lo que llamo: "material educativo" —historias, artículos, videos, etc., que pienso que podrían ser valiosos o enriquecedores para nuestros empleados. Esto puede incluir un artículo acerca de *WeChat*, un canal de redes sociales creado en China que está cambiando el mundo y que se ha convertido en una fuente importante de venta de productos, y que se encuentra a la par con las redes sociales y los canales de comercio electrónico de los Estados Unidos. Es posible que esta información no afecte sus vidas directamente, pero amplía su perspectiva para comprender el gran mundo en que vivimos.

Me apasiona posibilitar al equipo de mi oficina a mejorar y aprender más, con la esperanza de que, al final del día, puedan ser personas más productivas en sus comunidades y como ciudadanos corporativos. Regalar lo que uno aprende no cuesta nada. Sólo requiere persistencia y reflexión; al final es un regalo que se multiplica.

¿Cómo estás alimentado tu pasión? ¿La estás manteniendo viva al aprender y compartir lo que aprendes con los demás?

¿Estás manteniendo tu pasión viva al aprender y compartir lo que aprendes con los demás?

Mi pasión por compartir y hablar con la gente, y especialmente, por conocer a las personas con las que trabajo, me impulsó a emprender una gira ejecutiva de 13 ciudades a lo largo y a lo ancho de Estados Unidos justo después de haber llegado a Princess House. La compañía no había programado una Convención Nacional. Por lo tanto, no contaba con un foro para conocer a la gente con la que trabajaba ahora. Quería tener la oportunidad de que me conocieran y de compartir mi visión para Princess House; además tenía ganas de conocer a los consultores y líderes, escuchar sus historias y saludarlos personalmente. Pensé que la única manera de lograr eso era haciendo lo que llamé: "Gira ejecutiva: crea tu futuro". No llevé a un séquito conmigo. Sólo éramos mi pequeña maleta y yo, y uno o dos miembros del personal que se encontraron conmigo en cada lugar. En cada evento, entre doscientas y quinientas personas me escucharon hablar. Muchas de ellas manejaron desde diferentes partes del país a la ciudad del evento más cercana.

Cuando tuve mi evento en Colorado, solamente habían transcurrido tres días desde la masacre de Aurora durante el estreno de la película *The Dark Night Rises* (El caballero de la noche asciende) de la saga Batman. El hijo y la nuera de una de nuestras consultoras estaban en el cine esa noche. Una bala le pasó rozando la cabeza a su nuera y la mañana de la reunión, le habían amputado la pierna a su hijo. Antes de iniciar mi plática, pedí que se guardara un momento de silencio para quienes habían perdido la vida en la balacera y para aquellos que estaban sufriendo a consecuencia de ello. Entonces, escuché a alguien decir: "¡Está aquí!" ¡La madre estaba en el salón! Al principio me sorprendí, pero luego pensé: "¿Sabes? probablemente éste es el lugar donde debe de estar". Me mantuve al pendiente de ella por un par de años para saber cómo seguía. No sé si aún siga con su negocio, pero no importa. Lo que importa es que la apoyamos ese día y tuvo dónde ir cuando necesitó consuelo, comunidad y amor. Esos son los momentos que recordaré siempre.

Anteriormente, mencioné mi maleta porque fue una parte importante de mi gira. Les confieso que me apasionan los zapatos; creo que tengo cien pares, por lo menos. Traje una maleta llena de zapatos y centré mi presentación en ellos. Una de mis frases favoritas es de Marilyn Monroe: "Dale a una chica los zapatos adecuados y puede conquistar el mundo". Hablé de la importancia de tener los zapatos adecuados al viajar, para que no te duelan los pies; estar preparado para dar lo mejor de ti mismo (ya sea para una carrera de resistencia o de velocidad). Así puedes conquistar el mundo. Se trata de estar preparado, de tener la actitud y la resistencia para enfrentar los retos y la capacidad de recuperación.

Después hablé de los diferentes tipos de calzado que pueden haber representado quiénes eran en una etapa de sus vidas o de negocios — pantuflas afelpadas, para aquellos que no les gusta incomodarse; mocasín, para aquellos que se sientan a esperar que todo les llegue; o sandalias *flip flop*, para aquellos que se dan por vencidos al escuchar el primer "no". Luego saqué los zapatos estilo Lady Gaga con tacones de aguja y les pregunté: "¿O eres Lady Gaga y estás dispuesta a usar estos zapatos?" Les dije: "¿Es verdad que te sientes diferente cuando te pones tus zapatos altos?" "Cierto, te sientes un poco desbalanceado al principio hasta recuperar el equilibrio. Hasta te podrías tropezar y caer, pero lo más importante es la manera en la que te recuperas. Te levantas y lo vuelves a intentar. Y cada vez que caminas con esos zapatos sientes más confianza que antes. De repente, estás caminando con la cabeza en alto, no tienes miedo y te vas abriendo el camino". Les pregunté: "¿Qué zapatos van a llevar en su viaje?". Lo entendieron y la respuesta fue maravillosa.

La pasión me impulsó a hacer ese viaje. No estaba segura de lo que iba a encontrar o si sería bien recibida. Pero ésa fue mi manera de compartir, aprender y crecer, y también de ayudarles a otros a compartir, aprender y crecer.

¿Estás alimentando tu pasión? ¿Sientes el impulso de utilizar tu pasión para ayudar a otros o para marcar la diferencia?

Si es así, considera estos cinco puntos:

1. Identifica tu pasión o pasiones.
   - ¿Has vivido, oído o visto algo que ha despertado en ti una necesidad de marcar la diferencia?
2. Determina y define cómo puedes utilizar tu pasión para mejorar tu vida y la de tu familia, tu comunidad, o el bien de todo el mundo.
3. Reflexiona con frecuencia y descubre si tu pasión te está guiando por buen o mal camino y reconoce cuando hay que hacer ajustes.
   - Reconoce, acepta y corrobora continuamente para tomar acción oportunamente.
4. Mantén un deseo incansable por aprender y comparte lo que aprendes con otros.
5. Establece y maneja tus expectativas —no te conformes.

Perfil de Pasión

Lilliam Melgar
Downey, California
¿Crees que TÚ puedes ser el mejor?

LILLIAM MELGAR NACIÓ en Centroamérica, y como muchas otras personas, viajó a Estados Unidos en busca de una mejor vida. Hoy se destaca como la líder principal, con los ingresos más altos en la historia de la compañía de ventas directas con la que se asoció.

Si le preguntas cuál es el secreto de su éxito, ella te responde con una sola palabra: pasión.

"Todo empieza con pasión", afirma. "Y tenemos que compartir nuestra pasión con todos".

Al principio, Lilliam se fijó una meta que parecía casi inalcanzable: llegar al nivel de liderazgo más alto en su compañía, y ayudar y orientar a 12 mujeres más para que se unieran a ella en su mismo nivel. Tenía una pasión por ayudar a otras madres e inmigrantes como ella a alcanzar el éxito que se merecían.

La pasión de Lilliam es contagiosa —se propaga por todo el equipo. Tiene el talento para inspirar a las mujeres a encontrar alternativas que no creían posibles, y a enfocarse en la pasión de vivir sus sueños.

Hoy, gracias a la búsqueda apasionada de sus sueños, la meta de Lilliam de tener a 12 Líderes del nivel más alto, está a la vista. Pero más allá de eso, ha construido un equipo de más de 10,000 personas.

"Si ayudo a otras personas a mejorar sus vidas, eso enriquece la mía", dijo. "Su pasión nace de la mía. ¿De qué sirve la pasión si no la compartimos? No sirve de nada".

¿Qué estás haciendo para enfocar tu pasión en una meta?

¿Con quién puedes compartir tu pasión?

Segunda Parte

Fuera
(de mí y los demás)

Valores que influyen en tus interacciones con otras personas:

Colaboración
Agilidad

Capítulo Cinco

Colaboración

"Reunirse es un comienzo, permanecer juntos es el
progreso y trabajar juntos es el éxito".

—Henry Ford

"SE REQUIERE UNA aldea para criar a un niño". Este proverbio
africano se ha convertido en un llamado mundial que habla de la
necesidad de participación de la comunidad, proveedores de cuidados
y colaboradores para que unan sus fuerzas y críen, alimenten,
protejan, cultiven, eduquen y amen a los niños desde que nacen y
durante su desarrollo, hasta alcanzar el éxito. Este concepto se tornó
particularmente crucial en África durante la epidemia global del SIDA,
que abarcó 30 años, y que se estima tomó la vida de uno o ambos padres
de 17 millones de niños, de los cuales el 90 por ciento vivían en África
subsahariana. Familiares, parientes lejanos, comunidades, organizaciones
de apoyo sin fines de lucro, misioneros religiosos, voluntarios y servicios
sociales gubernamentales, se unieron para colaborar y ayudar a criar a
estos niños.[4]

Esta frase también se ha vuelto popular en el ámbito profesional
para enfatizar la necesidad de crear cooperación entre colaboradores para
que desarrollen proyectos o iniciativas estratégicas de una manera exitosa
y viable. Asimismo, conceptos tales como: "ningún hombre es una isla"
y "unidos vencemos, divididos caemos" resaltan el hecho de que la
colaboración genera un nivel de unidad, fortaleza y creatividad que no
podemos lograr solos.

Mi carrera profesional me ha enseñado que el camino hacia el
éxito, tanto personal como profesional, se enriquece y se acelera en

gran medida gracias a la colaboración. De hecho, es difícil alcanzar tu verdadero potencial, tus metas, tus aspiraciones y sobre todo, tus objetivos profesionales, sin la colaboración. Aun siendo propietario único de un negocio y trabajando desde casa, es necesario involucrarse, y la colaboración es gran parte de ello. La colaboración te permite maximizar el conocimiento y la experiencia de la gente que te rodea, y confieso que esto ha sido un elemento esencial que me ha ayudado a cumplir gran cantidad de proyectos importantes a lo largo de mi carrera. De hecho, cosas sorprendentes suceden cuando trabajamos en colaboración, porque trabajamos más hábilmente.

La mayoría de las veces, trabajar en colaboración es gratis porque los que colaboran con nosotros son gente en nuestro círculo de influencia —nuestra red profesional o personal a la que acudimos cuando necesitamos retroalimentación. Un ex colega está iniciando su propia empresa y recientemente me mandó un correo electrónico que decía: "Incorporando tus observaciones, concluimos que el empaque del producto va a lucir de esta manera. ¿Qué te parece?". Mi consejo no le costará nada. Sin embargo, siendo la persona que le está aportando las observaciones, quiero asegurarme que se tomarán en cuenta y que se considerarán valiosas, de lo contrario, ¿por qué me molestaría en contestar la próxima vez que me pregunten? La colaboración genera colaboración y el asesoramiento de calidad genera asesoramiento de calidad. Es una relación recíproca.

Sin embargo, hay ocasiones en que hay mucho en juego y es necesario colaborar con un experto. En 2016, en Princess House estábamos enfocados 300 por ciento en lograr nuestros objetivos de negocios y en crecer a un ritmo dos veces mayor al del año anterior. Ese era un objetivo enorme; por lo tanto, trajimos a Tony Jeary, un estratega de negocios conocido como *The Results Guy* (el hombre de los resultados), por su reputación en ayudar a las empresas a maximizar sus resultados de manera acelerada. Al implementar la fórmula de *"Strategic Acceleration"* (aceleración estratégica) de Tony: Claridad, Enfoque y Ejecución, pudimos enfocarnos en un plan estratégico bien definido, en las tácticas de ejecución y a que toda la compañía colaborara con gran atención. Resultó ser nuestro mejor año hasta la fecha. Trabajamos activamente para pensar, comportarnos y colaborar como un equipo de alto rendimiento.

La clave de la colaboración exitosa es saber negociar sin tener presuposiciones acerca de lo que tus colaboradores puedan aportar. Por ejemplo, cuando estábamos hablando de cómo lanzar un producto importante hace algunos años, nuestro vicepresidente de operaciones fue el que nos sorprendió con la idea de usar videos en las redes sociales. Si te limitas al título o posición de tus colaboradores, en lo que crees que saben o no saben, te podrías estar perdiendo de perspectivas muy valiosas. Las grandes ideas verdaderamente pueden surgir de cualquier lugar.

Desafortunadamente, hay ocasiones en que las personas llegan a la mesa de negociación con ideas preconcebidas y es ahí donde, yo pienso, nos enfrentamos con nuestro miedo a colaborar. ¿Alguna vez has tenido miedo de pedir un consejo, una sugerencia, ayuda o de colaborar porque tienes temor a ser juzgado o de hacer el ridículo? Confieso que eso me ha pasado a mí. ¿Por qué esperamos saberlo todo, todo el tiempo y tenemos miedo de que otros se den cuenta de cuando no sabemos algo? ¿Puedes recordar algún momento cuando el miedo no te dejó iniciar negociaciones para lograr una asociación o colaboración?

La colaboración efectiva extrae lo mejor que hay en las personas. Y cuando colaboras, entran en juego otros de los principios que mencionamos en este libro como: respeto, responsabilidad y agilidad, para producir resultados que nos llenan de orgullo.

¿Con qué personas en tu vida —colegas, asociados de negocios, amigos, maestros, consejeros, especialistas en redes sociales o hasta miembros de tu familia— colaborarías para conseguir mejores resultados?

Hace algunos años, la compañía en la que trabajaba desarrolló una herramienta de negocios para los distribuidores independientes. Un bello planificador diario encuadernado en piel, del tamaño de un iPad, que incluía varias herramientas de negocios como la historia y trayectoria de la compañía, datos fundamentales acerca de los productos, la presentación de oportunidades y plan de compensación, y por supuesto, un calendario para poder programar reuniones de seguimiento, entrenamientos y juntas —todo en un solo paquete. Lo lanzamos en Estados Unidos con gran éxito y muchas reacciones positivas. De esta manera y para mantener consistencia global, la compañía decidió lanzarlo después en varios países del Sudeste Asiático.

Cuando llegué a Hong Kong estaba muy emocionada de mostrarle el planificador a mi equipo. Es de imaginarse que me tomó por sorpresa cuando no les gustó. "¡Está muy grande!", dijo inmediatamente mi vendedora líder. Ahora, hay que recordar que soy de ascendencia china, que nací en Hong Kong y hasta hablo el idioma. Pero lo que no se me ocurrió es que como no vivía ahí, trabajaba ahí o usaba los medios de transporte, no comprendía que el concepto de espacio es de suma importancia en lugares extremadamente poblados como Hong Kong, Japón y Singapur. Mi líder dijo: "No cabe en mi bolsa y no hay lugar para algo así en mi portafolio. Y no tengo automóvil". Yo respondí: "¿De verdad? ¡Es un libro! No necesitas un auto para cargarlo". Siguió: "Sí se necesita. Yo camino o tomo el tren a donde quiera que voy. Es peso adicional y no tengo lugar para él. Y, por cierto, ahora uso un *Palm Pilot*". (¿Se acuerdan de esas agendas electrónicas?) Eso verdaderamente me abrió los ojos y acabó con mis suposiciones. No siento que haya entrado a esa junta como la americana odiosa, pero probablemente sí entré pensando que "nadie lo puede hacer mejor". Somos el país de origen, somos el país fundador. ¡Somos los Estados Unidos! ¡Pero ellos disponían de tecnología más avanzada! Nadie en la oficina central tenía un *Palm Pilot*. ¡Yo jamás había visto uno! La observación era acertada. En la mayor parte de los Estados Unidos hay más espacio y la mayoría de la gente maneja autos. Yo había llegado con una mentalidad estadounidense y eso había bloqueado mi manera de pensar. Qué tal si hubiera llegado sin el espíritu de colaboración y simplemente hubiera dicho: "La oficina central dice que vamos a lanzar esto globalmente". Hubiera sido un grave y costoso error.

Una buena colaboración es como una maquinaria bien aceitada que funciona efectivamente. Puede ser que estés en una situación con un familiar y tengas que colaborar con otros familiares o amigos para cuidar a alguien que está enfermo, o a un padre anciano. O puede que vayas a lanzar un producto importante que requiera la colaboración de todos los componentes de lo que yo llamo "la cadena de valor". No sólo es una cadena de suministro; es una cadena de valor, en donde cada contribuyente ofrece un valor especial. En cualquier momento que estás colaborando con otros en un proyecto, ya sea grande o chico, de negocios o personal, cada parte de la cadena debe aportar un valor específico que se agrega al resultado. No obtienes gran valor cuando hay cuatro personas que están haciendo lo mismo.

Para que la cadena funcione, es importante que el equipo completo entienda el objetivo claramente y que cada integrante respete y valore las observaciones que los demás aportan. Es por eso que el buen liderazgo resulta en buena colaboración.

Mientras escribía este capítulo, visualicé un par de diagramas circulares que he llamado: "Matriz de Colaboración"; para demostrar el valor que tiene la colaboración.

Digamos que estás encabezando a un equipo o un proyecto. Sabes que tendrás que incorporar la ayuda de expertos. Pero si simplemente repartes tareas y no promueves la colaboración del equipo, todos pueden terminar avanzando en la misma dirección sin alcanzar el objetivo por completo.

Si facilitas la colaboración entre los miembros del equipo, en donde cada uno interactúa y comparte su habilidad con el otro, acabarás con un plan de acción más específico, enfocado y acertado para lograr el resultado que deseas. Como líder, empiezas por reunir a tu equipo y por definir el resultado que esperas y la tarea que quieres lograr, asegurándote de que todos entiendan su función. En este momento, si te abres a las sugerencias, ideas y retroalimentación de tu equipo, podrías acabar por evaluar y afinar lo que pensabas sería el resultado. Tu función es compartir tu visión y trabajar con tu equipo para definir los objetivos que lo lleven a lograr el mejor resultado posible.

MATRIZ DE COLABORACIÓN

- El líder comparte su visión, reúne información.
- El equipo concuerda con los objetivos.

Ahora que comprendes el objetivo que deseas alcanzar y has aclarado las funciones, puedes empezar a colaborar.

Las ideas empiezan a surgir de todas direcciones y no se detienen hasta lograr un plan que dé en el blanco. Hay gran intercambio de ideas donde todos los colaboradores se apoyan mutuamente para lograr una ejecución efectiva.

Aquí hay un ejemplo para ver cómo funciona:

Imagínate que estás por empezar tu propia empresa y que necesitas ayuda para armar un plan de negocios. Puede que tengas un sueño y una visión, pero necesitas ayuda organizando lo que tienes en mente, incluyendo la investigación que has hecho, en un plan de negocios elocuente y claro que puedas compartir a lo largo del camino si necesitas más capital o asistencia de tu red de apoyo. Para empezar, tienes que estar abierto a recibir ayuda de tus colaboradores potenciales.

Pides ayuda a las personas que conoces y que tienen las habilidades que necesitas para triunfar. Norma tiene gran habilidad para socializar y te puede ayudar a identificar inversionistas potenciales. Cathy conoce todos los aspectos de la comunicación y sería la persona ideal para desarrollar una descripción de tu negocio. Jessie es el experto en números y te puede ayudar a definir lo que necesitas para empezar tu negocio, dándote idea de las posibilidades reales de éxito y de crecimiento.

Cada una de estas personas talentosas te ofrece sus contribuciones individualmente y a ti te queda la gran tarea de agrupar estas ideas en un plan de negocios que tenga sentido. Es más, si no facilitas la colaboración, no te darás cuenta si la historia que escribió Cathy sobre tu negocio es algo que le llama la atención a los inversionistas que identificó Norma, o si las proyecciones financieras de Jessie concuerdan con lo que Norma cree que puede conseguir. No te esperes hasta el momento de empezar a escribir tu plan para facilitar la colaboración.

Cuando tu equipo colabora, todo cambia. Primero, compartes tu visión y reúnes la información que ellos aportan. Después trabajan juntos para definir los objetivos que te ayudarán a alcanzar tu plan de acción objetivo.

Cada miembro de tu equipo sigue operando como experto, pero al interactuar y comunicarse entre sí mismos, están compartiendo ideas y ajustando sus observaciones mientras continúan trabajando. Se obtienen tantos beneficios: más ideas, mejor coordinación del esfuerzo, ahorro de tiempo y un plan más enfocado.

MATRIZ DE COLABORACIÓN

- Cada miembro del equipo aporta y presenta sus ideas.
- Compartiendo ideas y sugerencias, se genera un plan más efectivo.

Puedes utilizar el diagrama de la Matriz de Colaboración como punto de partida para un proyecto de colaboración. Empieza por colocar en el círculo del centro, que representa el blanco, lo que estás intentando alcanzar. Por ejemplo, planear una reunión de líderes exitosa, organizar un evento de recaudación de fondos para padres de familia o la renovación del espacio de tu oficina en casa. Identifica a las personas que necesitas y establece previamente lo que se requeriría para dar en el centro del blanco y lograr tus objetivos. Recuerda practicar la agilidad (tocaremos este tema en el Capítulo 6) al hacer este ejercicio mientras desarrollas, aprendes y aplicas.

Perfil de Colaboración

Taysha Mahoney
Gardena, California

La vida de una "mamá-emprendedora"

TAYSHA MAHONEY nunca se detiene. Ha logrado criar a tres hijos como madre soltera, trabajando a tiempo completo y dirigiendo su propio y exitoso negocio de ventas directas; y todo lo ha hecho al mismo tiempo en que obtenía un diplomado, una licenciatura y una maestría.

"Ha sido una agenda de locura", exclamó Taysha. "Pero jamás lo hubiera logrado sola".

La clave del éxito de Taysha como "mamá-empresaria" es: colaboración. Taysha explica que además de ser dueña de su propio negocio, también es líder de un grupo de emprendedores independientes. Juntos, trabajan en alcanzar metas y en motivarse los unos a los otros.

"Mantenernos conectados como equipo —yo con ellos y ellos conmigo— ha sido muy importante", afirmó.

No importa qué tan ocupada esté con la escuela, el trabajo o los niños, Taysha siempre tiene tiempo para su grupo. Siempre está lista para dar orientación y asesoramiento, responder preguntas y ayudar a los nuevos miembros a establecerse y empezar por buen camino. Al mismo tiempo, ella depende de ellos y cuenta con su ayuda cuando la necesita.

"Aquí no se trata de ser solista", agregó. "Se trata del esfuerzo en equipo y de trabajar juntos".

"Cuando colaboras", dice Taysha, "siempre estás aprendiendo. Además, el equipo se asegura de que rindas cuentas —aun cuando estés teniendo problemas en lo personal. Y ser parte del equipo siempre es divertido".

"Nada se compara con la confianza y las relaciones que desarrollas", declaró Taysha. "Y no hay nada como celebrar el éxito con tu equipo".

¿Qué experiencia colaborativa ha sido la más exitosa que has tenido?

¿Qué es lo que hace que un equipo sea más que la suma de las partes?

Agilidad

"El emprendedor siempre busca el cambio, responde
a él, y lo utiliza como oportunidad".

—Peter Drucker

¿RECONOCES ESTOS NOMBRES?: Kodak, Blockbuster, Circuit City, Polaroid, Nokia, Kmart. En algún momento, estas compañías fueron muy reconocidas y algunas todavía existen, aunque ahora desempeñan una función distinta o más pequeña ya que sufrieron grandes pérdidas o hasta cerraron sus puertas al público. Esto sucedió principalmente por una razón: falta de agilidad. Esas compañías no supieron responder al cambio.

Si eres padre de familia, director de empresa, dueño de negocio, miembro de un equipo ejecutivo, o una combinación de cualquiera de estas funciones, no puedes ignorar la agilidad, puesto que es el requisito más importante para triunfar hoy en día. Agilidad significa tener flexibilidad de movimiento para adaptarte a un entorno que cambia. La agilidad dirige tus acciones cuando surgen situaciones inesperadas y es necesario ajustar la estrategia que tenías planeada. Una perspectiva ágil es la que busca soluciones, posibilidades y potencial, aunque parezca que no hay salida. Es posible que al tratar de salir adelante, sientas que no estás avanzando, pero cada vez que aplicas lo que has aprendido tendrás la posibilidad de llevar a cabo lo que inicialmente parecía imposible.

Pienso que la agilidad para cambiar y la agilidad para aprender son las dos formas de agilidad más importantes. Permíteme explicar la diferencia:

Agilidad para aprender es tener la disposición y la capacidad de captar información recién adquirida y aprenderla, aplicarla y ponerla en práctica. Hay una gran diferencia entre simplemente tomar una clase o leer un libro, y tener la habilidad de aplicar lo que has aprendido y ponerlo en práctica.

Agilidad para cambiar es la habilidad de reconocer el cambio que sucede a tu alrededor, superar cualquier miedo que exista a consecuencia de ello, ajustar las estrategias o tácticas necesarias y aplicar estos ajustes a la situación que ha sido afectada por el cambio.

Tener éxito tanto como empresario como en la vida, requiere aceptar el cambio como una constante. El cambio trae consigo muchos conflictos —el conflicto del miedo a lo desconocido, el conflicto de la duda y a veces hasta el conflicto de la desconfianza y el enfado. Pero si tienes agilidad puedes resolver cada conflicto. Los conflictos son como la ropa sucia dentro de una maleta, si eres ágil puedes desempacar la maleta y decidir qué hacer con cada prenda: la puedes lavar, la puedes tirar o te la puedes poner.

Los chinos utilizan dos pinceladas para escribir la palabra crisis. Una pincelada significa peligro la otra oportunidad.

—John F. Kennedy

A veces la agilidad puede parecer abrumadora, porque tener que cambiar de curso puede sentirse incómodo o poco natural. Imagina tu cerebro y tu comportamiento como músculos que pueden flexionarse y doblarse. Se necesita mucha repetición y resistencia para que tanto la agilidad para cambiar como para aprender sean realmente efectivas. Puede parecerse a la primera vez que tomas una clase de yoga o karate, o haces cualquier tipo de actividad física que requiera que te estires más allá de lo acostumbrado.

Voy a compartir una anécdota personal: Cuando estaba embarazada tuve muchos problemas de salud y tuve que aplicar enorme agilidad para cambiar y aprender. Rápidamente tuve que aprender todo lo relacionado con cada una de las condiciones médicas que desarrollé. Una de las condiciones era prediabetes. Me tuve que informar sobre el significado de esa condición y sobre el impacto que tendría en mi organismo, y qué hacer al respecto —qué comer, cómo dormir, cuánta agua tomar, qué tanto caminar y mucho más. No hubiera sido suficiente simplemente aceptar lo que me decían y leer sobre mi condición. Lo que verdaderamente marcó la diferencia, fue lo que decidí hacer con toda la información que obtuve.

Estar embarazada por primera vez es novedoso y emocionante, pero también asusta. Hay cosas inesperadas sucediendo dentro del cuerpo y uno piensa constantemente en todas las modificaciones que debe hacer durante este periodo tan especial en la vida. Cada día es diferente. Cada día hay que dormir en una posición distinta. Cada día puede haber un alimento que no cae bien. Este es el momento en el que se debe practicar gran agilidad y participar activamente en el proceso. Si no se hace, puede haber consecuencias negativas considerables —desde sentirse mal hasta problemas de salud significativos a lo largo del embarazo—, ¡cómo si no fueran suficiente los altibajos en el estado de ánimo debido a las hormonas!

Mi hija nació poco antes de tiempo y cada vez que íbamos a la revisión médica había algo nuevo que tenía que aprender. En cierto momento, le empezaron a dar infecciones respiratorias y escuchamos palabras aterradoras como "fibrosis quística". En otro momento, escuchamos "soplos cardiacos", y de un día para el otro, nos encontramos con el cardiólogo. Escuchamos "falta de crecimiento" porque no aumentó de peso durante un mes, y de repente estábamos con el gastroenterólogo. Y después, cuando le dio una infección que no se resolvía, escuchamos, "puede haber cáncer en la sangre". Cada vez que visitábamos a un especialista acabábamos más informados y aprendíamos más. Constantemente cambiábamos nuestra manera de pensar y actuar, y aplicábamos lo que habíamos aprendido a cada momento, aun cuando tuvimos miedo, no dejamos que nos paralizara.

¿Alguna vez has tenido que cuidar de un amigo o familiar y de repente debes convertirte en experto en condiciones médicas que no conoces? ¿Te han diagnosticado alguna condición médica o enfermedad? Tal vez te enteraste que tienes el colesterol alto o que tienes asma. ¿Qué hiciste después de descubrirlo? ¿Contaste con la disciplina necesaria para educarte y aprender lo más posible acerca de tu condición? Vamos a asumir que sí lo hiciste y aprendiste lo más posible. Y bien, ¿qué hiciste con lo que aprendiste? ¿Te responsabilizaste por modificar tu conducta y tener impacto sobre tu condición médica? De ser así, aplicaste tanto la agilidad para aprender como la agilidad para cambiar con lo que aprendiste.

La agilidad es necesaria todos los días y de muchas formas, tanto en la vida personal como en la de los negocios. Una vez que aprendes a practicar la agilidad, se convierte en una respuesta natural, de hecho, te ayuda a que te sientas más equilibrado mentalmente. Puede que estés encargado de los quehaceres del hogar incluyendo las actividades de los niños; equilibrando sus deportes y otras tareas, además de las pelotas de futbol y las rodilleras y los leotardos que quedaron olvidados. O puede ser que vivas en un área metropolitana donde manejas entre el tráfico que cambia todos los días. Un día te toma veinte minutos en llegar al trabajo y al otro te toma dos horas. Si estás ejercitando tus músculos de agilidad lo suficientemente sabrás cómo responder y te sentirás menos agobiado.

Cuando desarrollamos programas promocionales en Princess House, tenemos que ser ágiles y tomar decisiones para modificar nuestras tácticas si algo no está funcionando —y a veces tenemos que hacer cambios inmediatamente. Hace algunos años se nos ocurrió que a nuestros consultores les agradaría seleccionar entre dos Equipos de Inicio —uno que contenía los productos en una bolsa de equipaje con ruedas y otro sin la bolsa. Obviamente no nos habíamos percatado de la popularidad de la bolsa de equipaje con ruedas. Hubo tan poca respuesta al Equipo de Inicio sin la bolsa de equipaje que tuvimos que cambiarlo en sesenta días. Si no hubiéramos tenido la agilidad para responder rápidamente, podríamos haber prolongado un estancamiento en el negocio.

La agilidad también requiere de velocidad. Hoy en día es necesario tener agilidad para mantenerse a la par de la competencia y ser relevante. El mundo de los negocios, en todos los sectores, se está moviendo a un ritmo más acelerado. Los técnicos en Silicon Valley, California, crearon la frase "*agile development*" (desarrollo ágil), una expresión que aplican a compañías jóvenes que se desarrollan con la intención de fracasar tantas veces sea necesario con tal de aprender cómo hacer las cosas bien lo más rápidamente posible. Aprenden lo más posible de sus fracasos y qué tan rápidamente pueden hacer cambios para volver a poner sus productos en el mercado. Esa metodología se ha hecho popular en otros sectores más allá de la tecnología. Según asevera la compañía *The Lean Startup*: "Muchas empresas nuevas empiezan con la idea de un producto que piensan va a gustarle al público. Durante meses, y a veces años, se la pasan perfeccionando el producto sin mostrárselo a nadie; ni cuando está en su etapa inicial y ni siquiera a sus clientes potenciales… Cuando finalmente, los consumidores muestran un desinterés total por la idea, la empresa nueva fracasa… Uno de los componentes principales de la metodología de *The Lean Startup* es el proceso de retroalimentación construir-medir-aprender. El primer paso es averiguar qué problema necesita solucionarse y a partir de ahí, crear un producto mínimo viable, (*Minimum Viable Product*, MVP, por sus siglas en inglés), para iniciar el proceso de aprendizaje lo más rápido posible. Una vez que se ha establecido el producto mínimo viable (MVP) la empresa nueva puede empezar a afinar su maquinaria". [5] ¡Este es el ejemplo perfecto de la agilidad para aprender y la agilidad para cambiar!

Los líderes de hoy evalúan su personal de trabajo, no solamente a través de sus resultados, sino también a través de su agilidad para aprender y cambiar ya que eso les informa acerca de su potencial a largo plazo. Están buscando a personas y equipos de apoyo para crecer juntos, y eso requiere agilidad. Aquellos con agilidad aportarán más ya que traen consigo mayor capacidad y por lo tanto mayor valor.

Éste es un cambio importante en lo que se refiere al mundo de negocios de las últimas décadas. Los empleados ya no se quedan en el mismo trabajo hasta jubilarse. Hoy en día, la generación del milenio cambia de trabajo cada dos o dos años y medio aproximadamente. Si lo piensas —en una carrera profesional que abarca cincuenta años (que ahora se está considerando normal)—, puede haber hasta veinticinco títulos distintos, veinticinco compañías y veinticinco posiciones diferentes. En cada puesto tienes que aprender una nueva cultura, negocio y a veces hasta industria. Tienes que aprender una dinámica diferente y un nuevo estilo de colaboración. Si practicas tu agilidad conscientemente y con propósito, puedes desarrollar una carrera con beneficios acumulativos, en donde cada trabajo que tengas (aunque sean veinticinco) fortalece tu habilidad para desempeñar los trabajos siguientes con éxito. Cuando estás consciente de tu agilidad, la magia empieza —la productividad se alcanza y las metas específicas se logran.

¿Alguna vez te has encontrado en una situación donde era necesario aprender una nueva habilidad o tarea, o una manera nueva de hacer algo y aplicarlo inmediatamente, con temor de que si no lo hacías, causarías un daño irreparable? Posiblemente has tenido que ser ágil para no faltar a un evento familiar importante o a una oportunidad de trabajo. O tal vez te perdiste de la promoción porque no supiste demostrar agilidad para aprender.

La fundadora de Spanx, Sara Blakely, se ha convertido en la multimillonaria más joven del mundo gracias a sus propios esfuerzos, y esto fue gracias a su agilidad. Mientras se vestía para una fiesta, no estaba satisfecha con cómo lucía su pantalón blanco porque no tenía la ropa interior adecuada. Con gran agilidad mental, se le ocurrió cortarle los pies a unas pantimedias ¡y *voilá*! ¡Surgió la marca multimillonaria! Ella no sabía nada acerca de medias, fajas o ropa interior que moldea el cuerpo, pero sabía que tenía un problema. Empezó a aprender y a adquirir las habilidades necesarias visitando fábricas y hablando con la gente. Al principio, no podía convencer a nadie de hacerle una muestra de su idea loca. Finalmente, el dueño de una fábrica superó su temor a trabajar con una joven ingenua que no sabía nada acerca de la industria textil, la moda o de ropa en general, y que además, tampoco era diseñadora; pero estuvo de acuerdo en hacerle la primera muestra. Y gracias a su agilidad, seguramente él también cosechó los frutos.

¿Cómo piensas que podría cambiar tu vida si ejercitas mayor agilidad? Considera lo siguiente para que te ayude a lograr agilidad con propósito, tanto en tu vida personal como profesional:

- Adáptate a lo que la vida te ofrece.
  - Acepta el cambio como una constante.
  - Piensa en los cambios que han ocurrido en tu vida y cómo te pueden beneficiar al practicar agilidad.
- Aprende todo lo que puedas acerca de tu vida o tu negocio y aplica esos conocimientos a cada situación.
  - Conviértete en un experto para que puedas adaptarte y beneficiarte de cada circunstancia.
- Cambia tu perspectiva a una de agilidad que busca soluciones, posibilidades y potencial, aunque sientas que has topado con la pared.

Perfil de Agilidad

Katie Wilson
Deland, Florida

¿Estás dispuesto a jugarte el todo por el todo?

COMO UNA JOVEN madre soltera, Katie Wilson apreciaba los ingresos y la flexibilidad que una compañía de ventas directas por demostración le ofrecía. Pero también reconocía que esa agilidad sería un factor muy importante para poder triunfar en su negocio.

"Los tiempos han cambiado y la gente socializa de muchas maneras diferentes", dijo ella. "Y mi negocio también tiene que cambiar".

Katie usa los medios sociales con mucha frecuencia; además, ella misma hace videos y los publica para promover su negocio. Y procura mantenerlos divertidos y breves.

"La mayoría de la gente no tiene ni 15 minutos de sobra", observó ella, "pero sí tienen uno o dos minutos para ver un video".

Katie también cambió el estilo de sus demostraciones. Anima a las personas a que lleven a sus hijos para que no tengan que buscar quién los cuide y que esto no se convierta en un obstáculo. Y en un negocio que tradicionalmente ha sido dominado exclusivamente por mujeres, ahora anima a las parejas a que asistan y compren juntos.

"Publicamos los videos directamente desde la demostración", comparte Katie. "A las personas les encanta sentirse como artistas de cine".

Experimentar con nuevas técnicas y aprovechar nuevas tecnologías y oportunidades —ésa es la clase de agilidad que ha convertido a Katie Wilson en una estrella en su propio negocio.

¿Cómo estás encontrando nuevas formas de hacer negocio?

¿Cómo te puede ayudar la agilidad a encontrar nuevas oportunidades?

Tercera Parte

Alrededor
(de mí y el mundo)

Valores que afectan las huellas que dejas en tu camino por el mundo:

Respeto
Compasión

Respeto

"El conocimiento te dará poder, pero el carácter te dará respeto".

—Bruce Lee

LA ESTADOUNIDENSE DEBORAH Norville, periodista, autora y presentadora de *Inside Edition* (un programa de noticias en televisión), escribió un libro en 2009 llamado *The Power of Respect: Benefit from the Most Forgotten Elements of Success* (El poder del respeto: Benefíciate de los elementos más olvidados del éxito). Norville realizó una extensa investigación científica explorando el concepto del respeto, que define como: "reconocer el valor y la singularidad de otros, respetando sus sentimientos, al mismo tiempo que intentas ponerte en su lugar".[6] En la conclusión del libro, ella dice: "Ahora que he visto la investigación realizada por algunos de los expertos más destacados en el campo, me asombra ver el impacto que tiene el ser respetado y respetar a los demás. También me desconcierta. ¿Por qué no se pone este concepto en práctica?"[7]

¿Muy buena pregunta, no crees?

En realidad, el respeto es una emoción, un sentimiento positivo de estima y admiración por los demás que decides poner en práctica o suprimir. Hay personas que pueden inspirarte respeto sin demasiada reflexión de tu parte, basado en una primera impresión positiva a pesar de que haya varios aspectos desconocidos, en respuesta a algo que viste en la televisión, una presentación que valida tu opinión sobre un tema específico o la impresión a primera vista que te causa la apariencia de alguien.

De la misma manera, podrías negar respeto si te has formado una opinión negativa basada en una primera impresión. Si permites que esa impresión controle tu comportamiento, estás descartando la posibilidad de que tal vez hayas malinterpretado algunas señales, y no le hayas dado a esa persona el respeto que quizá se hubiera ganado con el tiempo. En última instancia, se trata de formar relaciones, tanto personales como profesionales. Intentar comprender las particularidades de cada individuo podría cambiar tu punto de vista y posiblemente forjar una relación que te abriría a más conocimiento y aprendizaje.

Piensa en una persona que te es muy importante. Ahora, piensa en la primera impresión que te produjo esa persona. ¿La juzgaste de inmediato? Si fue así, ¿tuviste razón? ¿Sentiste respeto o dejaste que la relación evolucionara, a través del entendimiento, y se convirtiera en una relación de respeto mutuo?

Para ganar respeto, hay que darlo. En un entorno donde debemos coexistir, trabajar y colaborar con otras personas, debemos desarrollar una actitud que nos permita respetar sin antes ponernos a valorar y medir si la otra persona merece respeto de nuestra parte. Pero una vez que damos respeto, de buena fe, nos interesa entender qué es lo que tiene esa persona en particular y qué es lo que la hace única y distinta. Como mínimo, el tratar de comprender conlleva a la tolerancia y con suerte, más adelante, a la aceptación y celebración de las características únicas de este individuo.

La tolerancia es difícil porque implica que existe una diferencia de opinión, cultura, estilo de vida o educación, lo cual te puede representar un reto que deberás superar antes de que puedas comprenderlo. Yo pienso que el punto de partida hacia el respeto es la tolerancia, porque es en ese punto precisamente donde empiezas a entender y aceptar las similitudes y diferencias que tienes con la otra persona. Permíteme darte un ejemplo.

Hace muchos años viajé a Taiwán con un grupo de cuatro consultores de negocios —todos hombres americanos y caucásicos— para contratar a un bufete de abogados local que representaría a nuestra nueva sucursal. Yo era la única mujer en el grupo y definitivamente la única asiática, y los cuatro hombres eran consultores que habían sido contratados por mi compañía, por lo tanto yo era su cliente. Cuando llegamos al bufete de abogados nos llevaron a la sala de juntas donde esperamos a que se reuniera con nosotros el abogado principal. Cuando llegó, todos nos pusimos de pie para saludarlo. Yo era la primera en la fila. Este abogado tan destacado pasó por delante de mí sin siquiera mirarme; le dio la mano, uno por uno, a los otros cuatro hombres caucásicos americanos, antes de regresar y pararse al frente, hasta que uno de los consultores dijo: "Ella es Connie Tang, la vicepresidenta de la compañía internacional que representamos", ¡fue entonces cuando el abogado me saludó con un apretón de manos!

Creo que ese momento me tomó por sorpresa, pero, después de la junta, cuando pensé en lo que había ocurrido, me sentí ofendida, enojada y desconcertada. Reflexionando después sobre lo acontecido llegué a la conclusión de que lo que él había hecho era un reflejo de la cultura donde se había criado. (De hecho, esto mismo me ha pasado dos veces más desde entonces, una vez en México y otra en Venezuela). No creo que él me haya faltado al respeto intencionalmente, simplemente fue su reacción natural basada en su educación. A pesar de no estar de acuerdo con su trato y entendiendo que mi papel como mujer de negocios no concordaba con su percepción, tuve que admirarlo por lo que estaba aportando a la negociación. Lo habíamos contratado para ayudarnos a navegar los asuntos legales dentro de un país que no era el nuestro y lo respeté por su habilidad profesional. Acabamos por hacerlo a él y a su bufete los asesores legales de nuestra compañía por muchos años, lo cual requirió que yo fuera tolerante y que eliminara la primera impresión negativa que me causó. No podía permitir que esa impresión empañara mi criterio o afectara mi comportamiento.

La tolerancia verdaderamente se emplea cuando existen diferencias que causan discordia, cuando las emociones interfieren con las opiniones y el comportamiento. Hay diferentes niveles de tolerancia que varían de acuerdo a las diferencias que existen. Una vez que superas los diferentes matices de la emoción, que podrían cegarte, y alcanzas un nivel de tolerancia, puedes empezar a comprender y apreciar las diferencias. En ese momento, apreciarás a la persona, mental, emocional y objetivamente.

En nuestro mundo, la diversidad que nos rodea no sólo se manifiesta en el color de nuestra piel, en nuestro idioma preferido, en nuestro estilo de vida o nuestra religión, sino también en nuestra manera de pensar y en nuestras opiniones políticas. En Princess House siempre intento recordarnos, tanto a mi equipo como a mí misma, que la diversidad va más allá de lo que podemos ver a flor de piel. Contamos con un equipo de ventas realmente diverso. La mayor parte de nuestro negocio es en el mercado Hispano y dentro de ese mercado la mayoría de la gente es de México, pero también contamos con gente de El Salvador, Guatemala, Brasil y Puerto Rico. Además, dentro de nuestro mercado general que no habla español, contamos con gente afro-americana y caucásica. Y dentro del mercado caucásico, existe un maravilloso y floreciente mercado de personas Amish y Menonitas.

Yo pienso que al tener un grupo diverso ganamos en vez de perder. Si tienes miedo de que al aceptar a alguien o a algo que es diferente estás abandonando tus valores, opiniones o posición, estás equivocado. Cuando puedas aceptar la diversidad, podrás reconocer el valor de cada individuo y de respetarlo por las contribuciones potenciales a la relación, a la sociedad de negocios o al esfuerzo de colaboración dentro del equipo o grupo. Además, podrás enriquecer tu perspectiva y tu entendimiento. Así mismo, después se podrán celebrar y honrar aquellas contribuciones mutuamente. Celebrar la diversidad significa entrar en otro plano: la has aceptado, la entiendes, la aprecias, la aceptas, y ahora compartes experiencias y conocimiento. Es una evolución muy conmovedora —que incluye alcanzar niveles de consciencia más elevados, y esto requiere estar consciente de sí mismo.

Frecuentemente, el miedo nos impide dar respeto. Pienso que a veces tenemos temor de dar de nosotros cuando no tenemos suficiente información o porque nos da miedo cometer un error. Somos seres humanos y tenemos mecanismos de defensa, y si tenemos dudas cuando nos damos a alguien es porque tenemos miedo de ser heridos. Debemos tener cuidado con ese instinto natural de supervivencia y mantenerlo en equilibrio, dándonos cuenta de que podemos lograr una vida plena al aceptar, celebrar y reconocer que la diversidad es una oportunidad. Al vivir con miedo de ser herido te estás perdiendo de la oportunidad de gozar de muchos beneficios —de ser más inteligente y más fuerte, de estar más satisfecho, y de ampliar tu comunidad, tu red de apoyo y tu visión del mundo.

Tal vez recuerdes cuando hablamos de la colaboración en el capítulo cinco y dije que tienes que saber negociar sin tener presuposiciones. Lo que estaba diciendo, en esencia, es que la colaboración requiere cierto nivel de respeto. Me gustaría que recuerdes cuando estabas en el salón de clases de la secundaria y le asignaron un proyecto a tu grupo o te animaron a trabajar con un compañero. Es posible que no conocieras a esa persona, pero encontraste una manera de colaborar. Para poder colaborar efectivamente, debes respetar la función que desempeña la otra persona y lo que está aportando. A veces, lo que ellos consideran muy importante es muy diferente a lo que tú estás pensando y debes respetar su sentido de responsabilidad por la posición que están asumiendo. Por lo regular es más fácil encontrar lo que es diferente en vez de cambiar la conversación y preguntar: "¿Qué es igual? ¿Qué compartimos? ¿Qué nos conecta?".

Cuando encontramos las semejanzas nos sentimos seguros y el temor se desvanece. Cuando vas a una fiesta, ¿a qué le temes? No conocer a nadie y no saber qué decirles a personas desconocidas. Eso es, ¿verdad? En el momento que ves a alguien que conoces, tu miedo y nerviosismo disminuyen, porque encontraste una semejanza. Y al conocer a alguien por primera vez, ¿en qué momento disminuye tu ansiedad y temor? Es cuando comienzas a entender a ese individuo. Cuando te abres y tomas consciencia de lo que te une, empiezas a establecer una relación y a volverte tolerante hacia posibles diferencias, haciéndote menos aprensivo y defensivo.

¿Alguna vez has sentido que te da miedo confiar o respetar? Si es así, ¿has pensado de lo que te podrías perder? Puede que alguna vez hayas dudado en respetar a alguien, pero lo hiciste de cualquier manera y al hacerlo te diste cuenta de lo bien que resultó la relación.

El respeto es casi como un código de conducta, y es necesario en los momentos más difíciles. A nadie le gusta el conflicto, y si hubiera más respeto, el conflicto podría gestionarse mejor. No sugiero que se pueda evitar, porque inevitablemente habrá conflicto en nuestras vidas, como el de padres tratando con hijos adolescentes o el de cónyuges o compañeros de trabajo. En cualquier situación puede haber distintos grados de conflicto. Y dependiendo de la diferencia, el conflicto puede ser evidente, o puede ser pasivo-agresivo —que nunca se menciona o se resuelve. Pero si nosotros mismos nos conducimos con respeto, los conflictos se pueden manejar y hasta alejar, o por lo menos, resolver con cortesía y honor.

Si te es difícil aceptar y respetar la diversidad, estas sugerencias te pueden ayudar a empezar la marcha hacia la tolerancia, el entendimiento, la aceptación, y después a la celebración de la diversidad con la cual tienes conflicto:

- Primero busca respetar, entendiendo qué hace a cada persona un ser único y qué es lo que pueden aportar.
  - Respeta para que te respeten, especialmente cuando conoces a alguien por primera vez o te incluyen en un equipo para realizar algún proyecto o participas en una conferencia y haces conexiones.
- Aprecia lo que te hace diferente y único; esto te ayudará a aceptar la diversidad, mental, emocional y objetivamente.
  - Toma nota de la idea, información u opinión de alguien que no piensa igual que tú y que haya aportado a tu conocimiento, haya consolidado tus ideas o hasta te haya hecho cambiar de opinión.
- Reconoce a cada individuo por su valor y respétalo por las contribuciones que potencialmente aporte a la relación.
- Celebren y honren sus contribuciones mutuamente.
  - ¿A quién te has encontrado en tu vida personal o profesional que ha contribuido a tu desarrollo? Esto vale más que el dinero —ya que aumenta tu desarrollo espiritual, de carácter, de valores y de habilidades.

Perfil de Respeto

Charity Lapp
Gap, Pennsylvania

¿Cómo se siente caminar en los zapatos de otro?

AUNQUE EL MUNDO de Charity Lapp es como el nuestro, rodeado de teléfonos celulares y de medios sociales, su negocio requiere que ella recuerde lo que es vivir sin tecnología.

Charity es una líder de ventas directas y opera su negocio desde su casa en la zona rural de Pensilvania. Los bellos artículos de cocina y para el hogar que ella vende han obtenido gran aceptación y han gustado mucho entre la comunidad Amish de la región. Y como consecuencia, ha podido desarrollar una base sólida de clientes y un equipo de dueñas de negocio independientes en esa comunidad tan particular.

"Puede ser muy delicado", dijo Charity. "Porque tienes que escucharlos, entenderlos y encontrarte con ellos". Ayudar a los miembros de su equipo a salir adelante como empresarias ha sido un verdadero reto —pero también ha sido gratificante. La mayoría vive en granjas sin electricidad y con acceso muy limitado al teléfono e Internet.

Pero Charity encuentra que muchas de las líderes que ha entrenado son personas extremadamente talentosas, creativas y con objetivos muy claros. Al respetar sus costumbres y trabajar con ellas hacia una meta común, ha podido ayudarles —y ayudarse a sí misma— a alcanzar niveles de éxito cada vez mayores.

"Para mí, el liderazgo nunca se trata de mí", dice Charity. "Siempre se trata de ellas. Respetando quienes son. Entendiendo lo que buscan. Reconociendo los desafíos que enfrentan, y dejándoles saber que pueden contar conmigo".

¿Cómo te sientes cuando sabes que alguien te escucha y te respeta?

¿Qué pasos tomas para entender a la gente y lo que necesita?

Capítulo Ocho

Compasión

"Con el tiempo y la madurez, descubrirás que tienes dos manos; una para ayudarte a ti misma y otra para ayudar a los demás".

—Audrey Hepburn

¿SABES CUÁL ES la diferencia entre compasión y empatía? De acuerdo a un artículo publicado en el sitio web *Greater Good: The Science of a Meaningful Life* (El bien común: La ciencia de una vida plena), auspiciado por la Universidad de California, Berkeley, la compasión literalmente significa "sufrir juntos". Los investigadores definen la compasión como "el sentimiento que surge cuando te confrontas con el sufrimiento de otro *y sientes la necesidad de aliviar ese sufrimiento*".[8] Es esa última parte (énfasis con cursivas agregado por mí) lo que separa la compasión de la empatía. Aunque los conceptos se relacionan, la empatía es la habilidad de sentir las emociones de otra persona; la compasión entra en juego cuando esos sentimientos y pensamientos incluyen el deseo de ayudar.[9] Eso me encanta. La compasión es lo que nos hace ir más allá del simple sentimiento; ¡es lo que nos obliga a tomar acción!

También me llamó la atención enterarme que se ha hecho una gran cantidad de investigación científica acerca de las bases biológicas de la compasión. De acuerdo al artículo de *Greater Good*: "Esta investigación demuestra que cuando sentimos compasión, disminuye nuestra frecuencia cardiaca, secretamos oxitocina, 'la hormona del amor', y se iluminan las regiones de nuestro cerebro que están conectadas con la empatía, el deseo de cuidar a otros, y la sensación de placer; lo que frecuentemente nos hace querer acercarnos a otros y ayudarlos".[10]

Pienso que por esta razón nosotras las mujeres, ¡somos mucho más propensas a mostrar compasión! La oxitocina es la hormona que se libera durante el parto y la lactancia, y es uno de los elementos principales que psicológica y biológicamente facilitan la vinculación emocional con el bebé.

El artículo también declara que las investigaciones científicas que miden estos beneficios son tempranas, pero aquí comparto algo de lo que se ha aprendido hasta la fecha:

- La compasión nos hace sentir bien: las acciones de compasión (p. ej., hacer caridad) activan el circuito cerebral del placer, y los programas de entrenamiento en el cultivo de la compasión, aun por un tiempo breve, fortalecen los circuitos del placer y recompensa, y resultan en un incremento considerable y duradero de felicidad, de acuerdo a comentarios espontáneos.
- Tener compasión —dirigirse hacia los demás de manera amable y cariñosa— puede reducir el riesgo de enfermedades cardiacas al incrementar los efectos positivos del nervio vago, lo cual ayuda a disminuir la frecuencia cardiaca.
- Un programa de entrenamiento en el cultivo de la compasión encontró que ejercer la compasión vuelve a las personas más resistentes ante el estrés; disminuye las hormonas del estrés en la sangre y la saliva, y fortalece la respuesta inmunológica.
- La compasión ayuda a que los padres sean atentos y cariñosos: los estudios cerebrales por imágenes muestran que cuando las personas sienten compasión, se activan sistemas neuronales que estimulan en los padres la crianza y otros comportamientos de cuidado.
- La compasión propicia mejores relaciones conyugales: las personas compasivas son más optimistas y comprensivas al comunicarse con los demás.[11]

Obviamente, la compasión no solamente te beneficia a ti como individuo, sino también a tu desarrollo personal y profesional. Pienso que la compasión te facilita hacer el bien y poder relacionarte con los demás de una manera más efectiva, te convierte en mejor comunicador, colaborador y líder, y genera respeto. Y más que nada, te anima a tomar acción para el bien común.

Mi tía, una mujer dinámica y vigorosa a quien le encantan las películas y la música, fue diagnosticada recientemente con demencia/Alzheimer. Me dio mucha tristeza y me sentí impotente ante la situación. La compasión que sentí me llevó a buscar información sobre esta enfermedad para que pudiera entender lo que le estaba pasando fisiológicamente. Y más importante aún, quería compartir la información con mi mamá para que ambas pudiéramos aprender cómo ayudar a mi tía a mantener su calidad de vida, su comunicación y su independencia por el mayor tiempo posible, con su seguridad siendo siempre nuestra prioridad.

La compasión está firmemente arraigada en Princess House y es parte de nuestra esencia. La labor filantrópica de sus dueños, Ray y Michael Chambers, se alimenta con la compasión que demuestran por los menos afortunados y con la pasión que tienen por resolver problemas difíciles a nivel mundial. Prueba de ello son los esfuerzos realizados por la Fundación MJC Amelior que fundó su familia para apoyar la revitalización de la ciudad de Newark, y que apoya a más de 250 organizaciones y causas sin fines de lucro. A través de su generosidad y su papel como Enviado Especial del Secretario General de las Naciones Unidas para la Salud en la Agenda 2030 y la Malaria, Ray se ha fijado metas desafiantes, y ha desarrollado estrategias y rutas para lograr estas metas. En su cargo como enviado especial de la ONU, tiene la tarea de "canalizar los esfuerzos y acuerdos necesarios para la implementación exitosa de los objetivos de salud de la Agenda 2030, que incluyen acabar con las epidemias del SIDA, la tuberculosis y la malaria…".[12] Gracias a su esfuerzo incansable y a su enfoque innovador, millones de vidas se han salvado de estas enfermedades mortales.

Un artículo en *Direct Selling News* (Noticias sobre las ventas directas) de septiembre de 2011, describe cómo la compasión de Ray lo llevó a la industria de las ventas directas. Hace más de veinte años, la Fundación MCJ Amelior ofrecía becas a 1,000 adolescentes en situación de riesgo social en Nueva Jersey. Durante el proceso, Ray tuvo la oportunidad de conocer a las familias y se percató de que algunos de los beneficiarios venían de hogares de un solo padre que estaba desempleado. Le ayudó a uno de esos padres a obtener el entrenamiento necesario para conseguir empleo, y observó cómo, al paso del tiempo, se pudo comprar su primera casa e influenciar a sus hijos de una manera positiva. Cuando la oportunidad de comprar Princess House se le presentó a Ray, reconoció la oportunidad de proporcionar una plataforma para influenciar muchas otras vidas de la misma manera, ofreciéndoles una posibilidad de ganar dinero a aquellos que no contaban con muchas opciones financieras. "Ray apoya firmemente la creación de oportunidades económicas", comentaba el artículo, "tanto a través de los negocios como la filantropía. De hecho, él piensa que ambos tienen gran concordancia y anima a los ejecutivos en las ventas directas a buscar oportunidades para ayudar a los menos afortunados".[13]

Y tiene razón; en Princess House tenemos las herramientas necesarias que nos permiten ayudar a los menos afortunados, y tomamos muy en serio nuestra responsabilidad de hacerlo. La compasión está en el corazón de nuestra empresa. He escuchado muchas historias de líderes que han encontrado a mujeres en situación de crisis, se llenan de compasión y utilizando las herramientas de nuestro negocio dicen: "Te podría prestar dinero, ¿pero no sería mejor que te diera un instrumento que te ayude a construir una mejor vida para ti y para tu familia?". Nos revertimos una vez más al proverbio: "Dale un pez a un hombre y lo alimentarás por un día, pero enséñalo a pescar y lo alimentarás de por vida".

Así como el proverbio indica, yo creo que debe haber un equilibrio entre la compasión y la caridad y hay circunstancias cuando hacer caridad no es lo correcto. A veces la caridad continua promueve la pasividad y puede inhibir la responsabilidad. Pienso que se debe tener un cierto nivel de entendimiento antes de tomar decisiones. La compasión ciertamente te puede animar a hacer una donación a una asociación caritativa o a una persona, pero también puede empañar tu juicio, como cualquier otra emoción. Debes reconocer lo bueno que sale de esa emoción y evaluarlo contra la acción que te sientas obligado a tomar. A veces puede ser muy difícil, como cuando caminas por las calles de Manila, Nueva York o hasta Hawái, donde se encuentra una gran población sin hogar.[14] Generalmente sentimos empatía por los desamparados, pero no comprendemos lo suficiente como para sentir compasión. Cuando no entiendes las dificultades que pasaron para acabar así, en ese estado de miseria, no sabes qué hacer. ¿Alimentas al mayor número posible de indigentes? ¿Trabajas con la ciudad para tratar de aliviar la pobreza y la falta de vivienda? ¿Ayudas a una persona solamente? O, como la mayoría de la gente, te alejas con una profunda sensación de empatía, pero sin hacer nada, porque no sabes qué hacer. Cuando nos llenamos de compasión, buscamos el entendimiento para que nos ayude a saber qué acción tomar.

A veces, es posible que el miedo influya en nuestras acciones impidiéndonos actuar con compasión. Pienso que esto se relaciona, una vez más, al hecho de que no hay suficiente entendimiento, pero también puede ser que no queremos ofender a alguien al ofrecerle ayuda. O tememos no estar tomando la acción correcta. Pienso que si procuramos entender más, descubriremos las respuestas que buscamos y podremos superar cualquier miedo que tengamos.

¿Ha habido momentos cuando has sentido compasión, pero has tenido miedo de tomar acción? ¿Pudiste superar el miedo? ¿Buscaste entender más acerca de la situación de la otra persona para ayudarla?

En Princess House la compasión tiene muchas facetas, por medio de las cuales posibilitamos a aquellos que tienen dificultades y les ayudamos en todas las formas posibles. Por más de veinticinco años, Princess House ha sido patrocinador y simpatizante del capítulo local de *United Way* (una organización sin fines de lucro que ayuda a promover el bienestar de las comunidades alrededor del mundo). A través de recaudaciones de fondos y de donaciones de empleados, hemos contribuido millones de dólares a organizaciones locales sin fines de lucro. Durante los últimos años en particular, hemos contribuido a muchos programas de donaciones, tanto patrocinados por la compañía misma como en colaboración con empresas más grandes. Un ejemplo es nuestra participación en la colecta de juguetes del *Today* Show (un programa de noticias matutino de NBC), que verdaderamente es más que una simple colecta de juguetes; es una campaña para generar fondos a través de las donaciones para organizaciones que apoyan a grupos con diferentes necesidades a lo largo y lo ancho de los Estados Unidos. A través de este tipo de colaboración, nuestros productos, servicios de voluntariado y fondos han ayudado a organizaciones como *Operation Homefront,* una organización en San Antonio, Texas, que apoya a familias de militares, y *A Place Called Home* en el sur y centro de Los Ángeles, que mantiene a los jóvenes alejados de las pandillas y fuera de las calles, con programas de enriquecimiento como las actividades de-la-granja-a-la-mesa, que incluyen sembrar, cocinar y comer todos juntos en una mesa. Durante los últimos dos años también hemos creado productos exclusivos donde un porcentaje de nuestras ventas se destina a la *National Breast Cancer Foundation* (Fundación Nacional del Cáncer de Seno). Desde los capítulos del *Boys & Girls Club* (una organización que ayuda a jóvenes y niños a desarrollar su potencial al máximo) alrededor del país, hasta las estaciones de bomberos, hemos llegado hasta lo más profundo de las comunidades para influenciar vidas de manera positiva. Piénsalo, los bomberos viven en sus estaciones durante días y te sorprendería saber lo mucho que necesitan buenos utensilios de cocina suficientemente grandes para cocinarle a un batallón. Nosotros fabricamos calidad. Y nadie puede ofrecer utensilios tan grandes y de tan buena calidad como nosotros.

Y hay un beneficio adicional: en muchos casos nosotros podemos conectar a nuestros emprendedores independientes y miembros del equipo de ventas con esas organizaciones. De hecho, una de mis líderes principales de Phoenix dijo una vez: "Me acuerdo cuando llegué a este país con mis dos hijas, apenas tenía suficiente dinero para vivir. Entré a *Helping Hands* (una organización sin fines de lucro que acepta donaciones de cualquier especie para personas necesitadas), y alguien me dijo: '¡Te dan juguetes de navidad para tus hijos! ¡No lo podía creer!'.". Unos años después, Princess House donó productos para niños a *Helping Hands*, Arizona y ella orgullosamente me ayudó a presentar el cheque gigante al director de la organización. Una semana después, la misma líder de Princess House regresó con sus hijas y su equipo de ventas para ayudar a desempacar los productos y preparar los regalos para los jóvenes y sus familias de crianza. Son ese tipo de conexiones —las que tienen un impacto duradero— las que esperamos establecer.

En esos momentos en que la compasión te conmueve, la bondad que surge es lo que marca la diferencia en tu negocio y en ti mismo, y es cuando eres la mejor persona que puedes ser. La compasión es lo que te anima a contribuir al mundo. Y si la ciencia está en lo cierto, tal vez dar en un momento de compasión, te puede mejorar la salud, el bienestar personal y el equilibrio. El artículo publicado en el sitio web *Greater Good* señala que: "los estudios cerebrales por imágenes durante la meditación sobre bondad amorosa —la cual dirige la compasión hacia el sufrimiento— sugieren que, por lo regular, las mentes de las personas compasivas están menos preocupadas de lo que no resultó en sus vidas o lo que no podría resultar en el futuro y, por lo tanto, son más felices".[15] Así es como la compasión influye en crear tu propia felicidad y paz interior. ¿No te parece que es como la ley del karma de dar y recibir?

¿Cómo ejercitar mayor compasión puede beneficiar tu vida, y ayudarte a alcanzar tus metas? Podrías fortalecer la forma en que demuestras compasión al:

- Entender que la compasión es un factor fundamental para ayudarte a ampliar tu mente, sobrepasar el miedo, crecer y crear una mejor vida para ti y tu familia.
- Decidir ejercitar la compasión diariamente dejándote llevar por el deseo de ayudar a alguien y considerar las acciones que debes tomar.

Perfil de Compasión

Estela Valdéz
Stockton, California
¿Conviertes la compasión en acción?

A ESTELA VALDÉZ también le ha pasado.

"Yo sé lo que es tener recibos y no tener dinero para pagarlos", dijo ella. "Por eso, cuando me empezó a ir bien, decidí compartir mi buena suerte con la comunidad".

Estela encontró el éxito como empresaria en ventas directas. Mientas construía su equipo y sus ganancias crecían, enfocó su atención en aquellos que no tenían nada y que vivían en las calles.

Todo comenzó un año durante las fiestas decembrinas. Estela compró cobijas y otras provisiones e invitó a su familia y a su equipo a su casa a preparar comidas. Después, todos fueron a repartir la comida y cobijas a los desamparados que se refugiaban bajo los puentes de su comunidad en California.

"El clima de aquí no es tan duro como en otras partes del país", señaló, "pero me parte el corazón ver a estas personas, sin casa, con hambre y con frío".

Ahora, Estela y su equipo siempre encuentran el tiempo y los medios para ayudar a los desamparados en su comunidad todos los años durante la temporada navideña. A través del tiempo, se han organizado mejor y han podido ayudar a más personas cada año.

"Todos queremos ayudar a los necesitados, pero no puedes dar lo que no tienes", dijo Estela. "Por eso mi negocio es tan importante para mí. Tengo el poder para dar".

¿Qué haces para compartir tu compasión?

¿Tienes tiempo, talento o recursos que puedes compartir?

Conclusión

EL TERROR QUE sentí cuando aquel hombre tomó a mi madre por el cuello fue palpable. Nos encontrábamos dentro de un elevador —mi madre, mi hermano menor y yo— junto a un ladrón que estaba empeñado en arrancarle del cuello a mi madre su cadena de oro de veinticuatro quilates, y quién sabe qué más. Inmediatamente, mi miedo se convirtió en rabia y en mecanismo de defensa, y me avalancé sobre él con todas mis fuerzas, pateando, gritando, golpeando y empujando. Él puso su mano en mi cara y me dio un empujón, pero eso no me detuvo. Por fin, después de lo que pareció durar una eternidad, se abrió la puerta del elevador y el ladrón se escapó. Afortunadamente salimos ilesos, aunque muy aturdidos.

Tenía dieciocho años, pero nunca olvidaré el pavor que sentí. Desde entonces he tenido dos incidentes más que me han provocado el mismo tipo de miedo, y he respondido de la misma manera. Estoy convencida de que aquellos incidentes contribuyeron a la formación de la persona que soy en la actualidad. Pienso que si no hubiera canalizado mi miedo y tomado acción en esas tres ocasiones, habría dejado que el miedo aumentara y formara parte incesante de mi vida. Claro que ahora tengo cuidado cuando entro en un elevador donde solamente hay una persona, y estoy consciente de mis alrededores y preparada para cualquier tipo de peligro cuando camino sola en lugares solitarios, especialmente de noche. Debo afirmar que esas experiencias en particular me ayudaron a adaptarme mejor cuando, durante mi desarrollo profesional, tuve que viajar a ciudades como Manila, México, Caracas y Kuala Lumpur, donde por lo regular viajaba sola. Pero más allá de eso, pienso que el canalizar mi miedo y convertirlo en acción es lo que me ha enseñado que tengo la habilidad de conquistar otros miedos; aquellos que pueden surgir al enfrentarme con los obstáculos y circunstancias difíciles de la vida.

Pienso que el miedo puede ser un constante, al igual que el cambio. Para algunas personas, el miedo es parte de su vida diaria. Tal vez te hayas escapado de una relación violenta, o tal vez hayas padecido una enfermedad muy seria, y vives con miedo todos los días. Es posible que tengas miedo a las serpientes, las alturas o hablar en público, o hasta miedo a tu pasado o a tu futuro. Sea cual sean tus temores, la buena noticia es que ¡el miedo no te define! Tú no estás obligado a permitir que el miedo sea la constante en tu vida y te domine —lo que piensas, sientes y haces. Tienes el poder de transformar el miedo en acción.

Reconocer y responsabilizarte de tus miedos es parte de ello, pero después, debes tomar una decisión. Muchas veces escuchamos historias de gente que ha conquistado su miedo a las alturas. Se tira en paracaídas o salta en *bungee* —lo que sea necesario para conquistar sus miedos y probarse a sí misma que puede superarlos. Tú manejas tu miedo dirigiendo tus pensamientos y tus palabras, lo cual determina cómo te percibes a ti mismo.

Este libro te ha enseñado a canalizar tu miedo y sobresalir, utilizando importantes principios como herramientas de apoyo. Vivir sin miedo es darte a ti mismo la libertad de construir tu propia vida. En muchas ocasiones, el miedo hace que renuncies a todo porque no te sientes capacitado para actuar. Yo quiero animarte a que sigas adelante. ¡No renuncies! No tienes por qué hacerlo. Cuando empiezas a sobresalir utilizando las herramientas que he planteado en este libro, encontrarás que tienes el poder para tomar mejores decisiones, lo que a su vez, te permite tomar control y lograr tu objetivo. Aquellos que pueden canalizar el miedo combatiéndolo con los principios que dominan su comportamiento son quienes seguirán adelante.

El poder llega cuando tomas buenas decisiones y utilizas todas las herramientas que tienes a tu disposición. No utilizarás cada herramienta que he mencionado todos los días, pero reconocerás los momentos en que conquistaste alguna. También habrá días en que fallarás al tratar de utilizar alguna otra. Y es posible que falles simplemente porque no te esforzaste lo suficiente o porque dejaste pasar la oportunidad de utilizar una herramienta que tenías a la mano. Pero recuerda, no eres un fracasado; ese intento fallido ¡no te define! Continúa trabajando y busca el crecimiento en cada uno de estos principios y muy pronto encontrarás que estás avanzando por el camino que te llevará a vivir sin miedo.

Los principios que he planteado en este libro, de ninguna manera son los únicos que te pueden ayudar, pero a mí me han sido muy útiles. Y también han sido fundamentales en las vidas de las exitosas e interesantes personas que colaboran con nosotros en el mundo de los negocios de Princess House, ya sea como emprendedores, anfitriones o clientes. A lo largo de este libro, te has familiarizado con asombrosos testimoniales y leído palabras sabias de personas que en algún momento de su vida o que en todo momento, practican estos principios para llegar a ser la mejor versión de sí mismos. Tal vez recuerdes a:

- **Aída Vargas**, cuya determinación la llevó a mantenerse firme y esperar los *mejores* resultados (una posibilidad de crecimiento a largo plazo), en lugar de limitarse a lo *bueno* (dinero rápido).

- **Tatiana Cussianovich**, que se rehusó a faltar al compromiso que tenía con su equipo y consigo misma, aun cuando eso significaba manejar su negocio a larga distancia desde otro país, a donde se había mudado para cuidar a su hermana que se encontraba gravemente enferma.

- **Araceli Morales-Ávila**, cuya orientación a los resultados la motivó a convertir el desafío de mudarse a un nuevo estado donde no conocía a nadie, en una oportunidad para crecer su negocio y alcanzar el segundo nivel más alto de liderazgo en nuestra compañía.

- **Lilliam Melgar**, cuya pasión por ayudar a otras mamás e inmigrantes como ella a alcanzar el éxito que se merecían, la impulsó a generar los ingresos más altos en la historia de nuestro negocio.

- **Taysha Mahoney**, cuyas habilidades de colaboración le ayudaron a criar a tres hijos como madre soltera, trabajar a tiempo completo y dirigir su propio y exitoso negocio de ventas directas, al mismo tiempo que obtenía un diplomado, una licenciatura y una maestría *y* daba orientación y asesoramiento a su equipo, ayudándoles a ganar.

- **Katie Wilson**, que al reconocer que la agilidad es un factor importante para triunfar en los negocios, experimentó con nuevas técnicas, aprovechó nuevas tecnologías y oportunidades, y se convirtió en una estrella en su propio negocio.

- **Charity Lapp**, cuyo respeto por el estilo de vida Amish de los miembros de su equipo —sin electricidad y con acceso muy limitado al teléfono e Internet—, le ha permitido ayudarles a alcanzar niveles de éxito cada vez mayores.

- **Estela Valdéz**, cuya compasión la llevó a compartir generosamente los beneficios de su gran éxito con aquellos que no tienen nada y que viven en las calles.

Espero que estas historias, al igual que la mía, te ayuden a conquistar tu miedo y alcanzar el mayor éxito. El mundo de hoy es muy diferente al que era cuando empezamos a diseñar y escribir este libro. ¿Quién se iba a imaginar que estaríamos enfrentándonos a tanto miedo e incertidumbre en tan poco tiempo? El miedo que está ocurriendo es verdadero y si este libro puede servir como herramienta, aunque sea de manera pequeña, para ayudarte a manejar tu miedo, entonces habré logrado mi propósito. Construye tu propia vida —¡vive sin miedo!

ÚNETE AL MOVIMIENTO DE LOS

8

VALORES PARA
VIVIR
Sin Miedo

El empoderamiento es una elección, no es un regalo.

Tú escoges empoderarte a ti misma aplicando los valores que derrotan el miedo para comenzar tu travesía personal hacia la vida que deseas.

Te invito que me acompañes en este recorrido, junto con otras mujeres poderosas que conocerás en este libro, hacia la vida que tú deseas no estás sola, ¡somos parte de un movimiento! Estamos aquí para ti, para darte el empujón y el apoyo que necesitas justo cuando lo requieras.

¿Y ahora, qué sigue?

Primero, visita nuestra página web para recibir tu brazalete *Fearless* (Valiente) gratis. Úsalo con orgullo todos los días y para recordarte diariamente de las herramientas que tienes en la palma de tu mano para superar el miedo. Cuando noten tu brazalete (¡y sí que lo notarán!) cuéntales a todos acerca de nuestro movimiento y del cambio que está produciendo en tu vida. Pronto descubrirás la satisfacción que viene de ayudar que otros logren ese cambio, y de vivir sin miedo.

Mis mejores deseos y que disfrutes de una vida sin miedos,

Connie

Connie Tang

Conversa conmigo:

#8FearlessValues

Vive la experiencia de mujeres como tú, conectándote con sus historias y participando con nosotros en **www.8fearlessvalues.com**. Regístrate en esta página web para recibir tu brazalete *Fearless* (Valiente) gratis.

Acerca de la Autora

NACIDA EN HONG Kong y criada en Brooklyn, NY, Connie Tang
ha dedicado su vida a cambiar y mejorar vidas, tarea que desempeña con
cuidado genuino al motivar a las personas que conoce a diario. En su
posición como la primera mujer presidente y CEO de Princess House
—una de las principales compañías de la industria de ventas directas
del país— Tang ayuda a los dueños de negocios independientes y a su
equipo de trabajo corporativo a crecer, a mejorar el estilo de vida de
sus familias, y les anima a vivir sin miedo para que puedan prosperar.
Antes de unirse a Princess House, Tang ocupó cargos ejecutivos en
otras compañías de ventas directas exitosas, incluyendo BeautiControl
y JAFRA. A través de su recorrido a la cima en los negocios, Tang ha
inspirado a muchas mujeres alrededor del mundo y ha sido la mentora
de mujeres en diferentes niveles profesionales, desde fundadoras de
compañías hasta ejecutivas corporativas. Ella vive y se guía por los
8 principios que se exploran en este libro. Domina varios idiomas
—inglés, español y cantonés— y está en la lista de los Primeros 50
Asiáticos Americanos en los Negocios del centro de desarrollo de
negocios *Asian American Business Development Center, Inc.* La revista *Direct
Selling News* también la nombró como una de las mujeres de negocios
más Influyentes de industria de Ventas Directas en 2012 y 2014. Bajo
su dirección, Princess House fue nombrada una de las 100 mejores
compañías de Massachusetts con una mujer presidente en 2015 y 2016,
por el periódico *The Boston Globe* y el Instituto Commonwealth.

Referencias

[1] "America's Top High Schools 2016," *Newsweek*, http://www.newsweek.com/high-schools/americas-top-high-schools-2016 (consultado el 1° de diciembre de 2016).

[2] Roger Connors, Tom Smith, Craig Hickman, (2015). *El Principio de Oz: Logrando resultados personales y organizacionales a través de la responsabilidad* (Álvaro Medina, trad.). Buenos Aires: Paídos. (Obra original publicada en 2010).

[3] Ibid, 4.

[4] Información tomada de USAID, https://www.usaid.gov/what-we-do/global-health/hiv-and-aids/technical-areas/orphans-and-vulnerable-children-affected-hiv (consultado el 2 de febrero de 2017).

[5] "The Lean Startup Methodology," The Lean Startup, http://theleanstartup.com/principles (consultado el 23 de enero de 2017); con traducción del texto original proporcionado por la traductora.

[6] Deborah Norville, *The Power of Respect: Benefit from the Most Forgotten Element of Success* (Nashville: Nelson, 2009), 18, con traducción del texto original proporcionado por la traductora.

[7] Ibid, 189.

[8] *"What is Compassion,"* Greater Good: The Science of a Meaningful Life, http://greatergood.berkeley.edu/topic/compassion/definition (consultado el 2 de febrero de 2017).

[9] La información incluida en esta sección se tome de *"What is Compassion,"* Greater Good: The Science of a Meaningful Life, http://greatergood.berkeley.edu/topic/compassion/definition (consultado el 2 de febrero de 2017).

[10] *"What is Compassion,"* Greater Good: The Science of a Meaningful Life, http://greatergood.berkeley.edu/topic/compassion/definition (consultado el 2 de febrero de 2017).

[11] Ibid.

[12] Oficina del Enviado Especial del Secretario General de la Naciones Unidas para la Salud en la Agenda 2030 y la Malaria, http://www.healthenvoy.org/about/special-envoy (consultado el 18 de febrero de 2017).

[13] Barbara Seale y John Fleming, *"Ray Chambers: In the Business of Benevolence,"* *Direct Selling News*, septiembre de 2011, 35-36.

[14] Steven Rich, *"Which states have the highest level of homelessness,"* The Washington Post, https://www.washingtonpost.com/news/storyline/wp/2014/08/08/which-states-have-the-highest-levels-of-homelessness/?utm_term=.0deaec9ddaa4 (consultado el 11 de febrero de 2017).

[15] *"What is Compassion,"* *Greater Good: The Science of a Meaningful Life*, http://greatergood.berkeley.edu/topic/compassion/definition (consultado el 2 de febrero de 2017).